게임에 빠지듯 공부에 빠지게 하라

게임에 빠지듯
공부에 빠지게 하라

시노하라 기쿠노리 지음 · 정미애 옮김

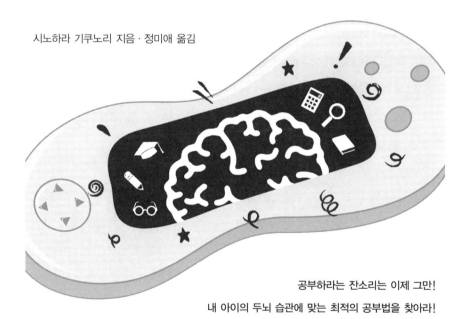

공부하라는 잔소리는 이제 그만!
내 아이의 두뇌 습관에 맞는 최적의 공부법을 찾아라!

한문화

아이를 공부에
빠지게 할 수 있을까? ✎

여러분의 자녀는 몇 살입니까? 2세? 유아? 초등학생? 중학생? 혹은 고등학생인가요? 이 책은 0~18세의 자녀를 둔 모든 부모를 대상으로 하고 있습니다. 학부모가 아니라도 아이들 교육문제에 관심 있는 분이라면 다소나마 참고가 되리라 봅니다.

저는 예전에 《공부에 빠지는 뇌 만들기》라는 책을 낸 적이 있습니다. 많은 독자들의 호평에 힘입어 베스트셀러가 되었죠. 그 때문인지 강연을 할 때마다 학부모들에게 많은 질문을 받습니다.

"우리 애가 공부를 전혀 안 해요."
"우리 애는 어떻게 하면 공부를 할까요?"
"어떻게 해야 우리 애가 집중력이 생길까요?"
"기억력이 좋아지는 방법은 없나요?"
"원하는 학교에 보내고 싶은데 어떻게 하면 좋을까요?"
"우리 애가 다른 애들보다 공부를 못 해서⋯⋯."

학부모들뿐인가요. 아이들도 저에게 묻습니다.

"어떻게 하면 공부를 잘 할 수 있는지 가르쳐주세요."
"저도 다른 친구들처럼 똑똑해졌으면 좋겠어요!"
"아무리 죽어라 열심히 공부해도 성적이 안 올라요."

부모나 아이들 모두 공부가 필요하다는 것을 자각하고 있기 때문에 '공부를 잘하고 싶다' '공부하는 습관을 들이고 싶다'라고 생각하는 거겠죠?

공부를 잘하고 싶다고 생각하면서도 아이들은 왜 공부를 안 하는 걸까요? 그 대답은 간단합니다. 안타깝게도 인간의 뇌는 '어느새 공부를 하고 있더라' '자연스레 공부를 하게 되더라'와 같이 행동하도록 만들어지지는 않았기 때문입니다. 공부를 숨쉬기나 물 마시기, 밥 먹기처럼 저절로 욕구가 생겨나 저절로 하게 되지는 않죠. 공부라는 것이 사람의 뇌에게는 여전히 부자연스럽기 그지없는 행위인 것입니다. 이런 말을 들으면 절망스러울지도 모르겠습니다. 그래도 조금만 더 읽어보세요.

아이의 뇌를 '자연스럽게 공부'하는 방향으로 이끌 수는 있습니다.

게임을 좋아하는 아이는 어느새 게임기나 컴퓨터 앞에 앉아 있고, TV를 좋아하는 아이가 어느새 TV를 보고 있고, 휴대폰을 좋아하는 아이가 어느새 휴대폰을 만지작대듯이 말이죠. 게임이나 TV, 휴대폰은 진화의 과정에서 필연적으로 뇌가 욕구를 느끼는 행위가 아닙니다. 그럼에도 그 행위에 중독성이 있는 것을 보면 공부도 마찬가지라는 말입니다. 아이가 자기도 모르게 공부를 하게 하는 일은 분명히 가능합니다.

저는 다채널 NIRS^{Near-infrared spectroscopy}(근적외선 분광 분석기로 뇌 혈류 변화를 계측하는 장치)라는 기계로 1년 내내 뇌 활동을 조사하고 있습니다. 파친코, 게임, 믹시^{mixi}(일본의 온라인 커뮤니티 사이트), 트위터 등 중독되기 쉬운 행위를 할 때의 뇌 활동을 조사합니다. 오랫동안의 조사와 연구 끝에 우리 뇌에 '빠져드는 메커니즘'이 작용한다는 것을 알게 되었습니다. 이 '빠져드는 메커니즘'을 잘 이용하면 도박이나 놀이, 사람에 빠져드는 것처럼 아이의 뇌를 공부에 빠지게 하는 일도 가능합니다.

빠져드는 메커니즘으로 '아이가 공부에 빠지는 일'이 가능하다면 애써 노력하지 않아도 강한 '집중력', 강한 '기억력', 강한 '끈기'로 높은 점수를 얻을 수 있습니다. 여기서 핵심은 '아이가 공부를 한다'는 것은 아이의 뇌 문제가 아니라는 점입니다.

문제는 아이와 부모의 뇌 '사이'에 발생합니다. 유감스럽게도 보통은 아이의 뇌가 공부에 빠지는 것을 부모가 방해합니다. 그럴 리가 없다고 부정하고 싶겠지만 대부분의 경우, 아이를 공부에 빠지게 하고 싶어서 던진 부모의 말과 행동이 오히려 공부에서 멀어지게 하고 맙니다. 선의가 악의로 바뀐 셈이죠.

이 책에서는 '뇌과학'과 '임상심리학'의 지식으로 부모와 자식 '사이'를 움직여, 부모가 방해하는 일 없이 아이의 뇌가 공부에 빠지게 하는 법에 초점을 맞췄습니다. 그래서 이 책을 다음과 같이 구성했습니다.

또한 이 책은 곳곳에 배치한 46가지 레슨을 통해 쉽게 실천해볼 수 있는 방법을 제시한 실천형 학습서입니다. 따라서 '아이가 공부 좀 했으면 좋겠다!' '우리 애가 다른 아이에게 뒤처지는 건 싫다!' '집중력을 길러주고 싶다!' '기억력을 향상시켜주고 싶다!' '시험점수를 올려주고 싶다!' '원하는 학교에 합격시키고 싶다!' 이런 바람을 가지고 있는 독자들에게는 분명 도움이 되리라 믿습니다.

사회는 점점 저출산, 고령화 시대로 가고 있습니다. 예전보다 적은 수의 아이들이 사회를 지탱해가려면 아이들 한 사람 한 사람의 능력을 끌어올려야 합니다. 그렇게 하지 않으면 사회는 유지될 수 없습니다. 여러분의 자녀뿐 아니라 세상 모든 아이들의 실력을 향상시키는 일이 장래 여러분의 자녀를 위한 일이기도 합니다. 그러니 이 책의 기술과 방법을 가장 먼저 내 아이에게, 그 다음엔 주위 아이들에게 전해주세요. 여러분의 자녀가 이 험난한 사회에서 이상적인 삶을 살 수 있도록 끝까지 든든한 힘이 되어줄 테니까요.

차 례

제4장 한 번 기억하면 절대 잊지 않는다
강력한 기억을 만드는 비결

제5장 실전에 강한 아이가 성공한다
목표를 달성하는 '승부력' 단련법

프롤로그

어떻게 하면 우리 아이가 공부를 할까?

기억을 잘 하려면
어떻게 해야 하나요?

저는 일상적인 여러 활동을 할 때 우리 뇌는 어떻게 활동하는지를 일 년 내내 조사하고 있습니다. 다채널NIRS라는 기계를 이용해 놀 때, 공부할 때, 운동할 때, 향기를 맡을 때, 게임을 할 때, 파친코를 할 때, 정성을 기울일 때, 상상할 때 등 다양하게 조사를 합니다. 대상도 아이에서 어른까지 다양하고, 부모와 자녀가 함께 공부를 할 때와 놀이를 할 때의 뇌를 조사한 적도 있습니다. 그래서 한 달에 몇 번은 TV 같은 매체에서 "○○할 때 뇌는 어떤가요? 그때의 뇌 영상을 좀 보내주세요"라고 의뢰합니다. 그때마다 부탁을 척척 들어주니까 사람들은 저를 뇌에 해박한 할아버지라고 여기는 것 같아요. 얼마 전에도 모 고등학교에서 강연이 끝나자 학생들이 이런 질문을 하더군요.

"집중력을 높이려면 어떻게 해야 하나요? 좋은 방법을 알려주세요."
"한 번 기억하면 안 잊어버리는 효과 좋은 암기법 좀 가르쳐주세요."
"공부해도 자꾸 잊어버려요. 기억을 잘 하려면 어떻게 해야 하나요?"
"잠을 조절하는 것도 공부에 필요하죠? 적당한 수면시간은요?"

기억을 강화하는
세 가지 방법

우선 기억에 대한 질문에 답을 하겠습니다. 기억은 해마라는 뇌 기관이 깊이 관여하고 있습니다. 지금은 상식이 되어 많이들 알고 있죠? 해마는 귀 부근의 뇌(측두엽) 안쪽에 있습니다. 새끼손가락 정도 크기의 기관으로 좌우에 한 개씩 있는데, 모양이 해마海馬를 닮아 바다의 말, 해마라고 해요.

뇌과학계에는 아주 유명한 사례가 있습니다. 간질을 심하게 앓던 H.M씨는 발작을 치료하기 위해 해마 부위를 잘라내는 수술을 받았습니다. 수술 후, 간질 증상은 없어졌는데 새로운 걸 전혀 기억할 수 없었습니다. 같은 얘기를 수없이 되풀이해도 늘 처음 듣는 얘기고, 몇 번

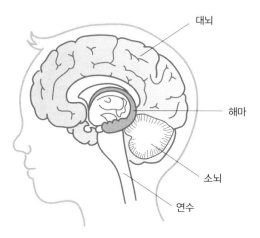

대뇌

해마

소뇌

연수

> " 기억은 '해마'에서 담당합니다. 귀 부근의 뇌 안쪽에 새끼손가락 크기로
> 좌우에 하나씩 있는데, 모양이 바다의 말 해마海馬를 닮아 그렇게
> 부르지요. 해마를 다치면 새로운 기억을 만들어낼 수 없습니다. 또한
> 해마는, 뉴런을 반복해서 자극하거나 한층 강하게 자극하거나
> 몇 군데를 동시에 자극해서 오랫동안 기억할 수 있게 합니다. "

을 만나도 늘 처음 보는 사람인 것이죠. 학습능력 제로 상태로 더 이상 새로운 지식을 받아들이지 못하게 되어버린 것입니다. 이 사례를 통해 해마가 새로운 기억을 만들어내는 기관이라는 사실이 밝혀졌습니다.

해마에서는 뉴런(뇌세포)이 축삭돌기(세포체 본체에서 나온 신호를 다른 뉴런에게 전달하는 섬유)를 뻗어 매끈한 고리를 만들고 있습니다. 그 고리의 일부를 살짝 자극하면 연결된 다른 뉴런도 활동을 하는 것이죠. 해마에서는 장기증강 현상(long-term potentiation) 현상이 자주 일어나 기억이 강화됩니다. 뉴런에 반복해서 자극을 주거나 한층 강한 자극을 주거나 몇 군데를 동시에 자극하면, 나중에 조금만 자극을 줘도 뉴런이 오랫동안 강하게 활동하는데 이것이 장기증강입니다.

뇌과학에서는 해마의 장기증강 현상을 바로 기억의 근원으로 보고 있습니다. 기억을 잘하고 싶다고 했죠? 기억을 강화하는 세 가지 강력한 방법을 알려드리죠. 기억은 반복하면서 정착됩니다. 강한 인상을 주면 잊기 힘들죠. 또 관련을 지어 기억하면 잘 잊어버리지 않습니다.

학습 후 12시간이
기억의 포인트 ✎

최근 한 가지 흥미로운 보고가 있습니다. 쥐를 이용한 실험 결과, 학습 후 12시간이 지났을 때 뇌세포를 키우는 물질인 BDNF^Brain Derived Neurotropic Factor(뇌 신경영양인자)와 도파민이 작용하면 기억이 오래 간다는 결과가 나왔습니다. 해마의 장기증강은 아무래도 학습한 지 12시간 뒤가 중요한 듯합니다.

도파민 신경계는 흥분하거나 쾌감을 느낄 때, 뭔가 성취했을 때 왕성하게 활동합니다. 칭찬을 받아도 활동합니다. 따라서 공부한 지 12시간이 지났을 때 도파민 신경계를 흥분시킬 수 있게 즐겁고 재미있게 복습하면, 기억을 오랫동안 유지하는 데 도움이 됩니다. 12시간이라면 대개 '예습 → 학교 수업' 또는 '학교 수업 → 복습' 주기입니다.

옛날부터 흔히 예습과 복습이 중요하다는 말들을 하죠? 예습, 복습의 핵심이 바로 학교에서 하는 공부입니다. 학교 수업이 빠지면 당연히 12시간 주기를 만들 수 없습니다. 학교 수업을 소중히 하고 그 내용 하나하나에 감탄하고 흥분하는 일, 즉 도파민 신경이 활동하도록 공부를 해야 기억을 촉진할 가능성이 높은 셈이죠. 학교 수업은 소홀히 하고 학원이나 가정 학습만으로 학습의 효과를 바라는 것은 매우 비효율적이란 뜻입니다.

사실 이 정도는 굳이 뇌과학 이야기를 꺼내지 않아도 누구나 알고 있는 것들이죠! 애초에 뇌과학이 할 수 있는 일이란, 누구나 어렴풋이 알던 사실을 뇌 언어나 실험으로 보강하는 일 정도입니다. 뉴런끼리의 접합에는 어떤 유형이 있는가, 정신분열증과 관련이 있는

DISC1^{Disrupted-in-schizophrenia1}은 어떻게 작용해서 신경 성장을 조정하는가와 같은 이야기는 아무래도 우리 뇌과학자들이 더 잘 알고 있죠. 하지만 뇌에 무엇이 좋은지, 어떤 학습을 하면 효율적인지, 아이는 어떻게 키워야 좋은지는 부모님들이 더 잘 알고 있습니다. 사람은 누구나 뇌를 갖고 있으며, 언어와 감성을 통해 그 뇌와 교류해왔기 때문입니다. 그 뇌 집단이 무심코 이끌어낸 해답은 참으로 경이롭습니다.

우리가 자신의 뇌를 이용해 자신의 뇌를 관찰한 결과는 그 자체가 뇌과학입니다. 굳이 핵자기공명이나 근적외선이 있어야만 알 수 있는 사실은 아니죠. 오히려 뇌과학이 우리가 오랜 생활과 경험을 바탕으로 바람직하다고 여기는 결론과 다른 결론을 제시한다면, 뇌과학이 틀렸을 가능성이 높습니다. 적어도 실험 과정을 재검토할 필요가 있는 것이죠.

그러니 '오호라, 내가 어렴풋이 생각하던 대로 해도 된단 말이지!' 하고 자녀의 학습법에 확신이 서는 분이라면 이 책을 덮어도 좋습니다. 그리고 자신이 생각하던 방식대로 자녀를 지도하세요. 그걸로 충분합니다. 여러분에게 필요한 것은 자신감뿐입니다.

굳이 뇌과학의 언어로 바꿔 말할 필요는 없습니다. 뇌과학의 언어라는 것이 사람이 아니라 대개는 쥐나 원숭이의 뇌 실험에서 나온 가설입니다. 인간의 뇌에 대한 이야기도 얼마 되지 않는 뇌 영상 자료에서 나온 추측들이 대부분입니다. 그래도 자신의 생각을 뇌과학의 언어로 다시 설명해주었으면 좋겠다, 내 생각이 조금이라도 뇌과학적인 근거가 있어야 자신감이 생길 것 같다는 분은 계속 읽어주세요.

청크와 후크
활용법 ✏️

다시 기억에 대한 얘기로 돌아가겠습니다. 해마는 오감의 정보와 지금까지의 기억을 한 데 묶고 연결함으로써 새로운 기억을 만듭니다. '연결'을 만드는 것이 해마인 셈입니다. 따라서 똑같은 내용을 기억하더라도 '하늘천 따지, 검을현 누를황 ……' 하는 식으로 노래처럼 가락을 만들어서 외워두면 기억하기가 훨씬 쉽습니다. 잊지 마세요. 기억을 잘하고 싶다면 '청크chunk(덩어리)'와 '후크hook(연결 고리)'를 만들어서 의식해야 합니다.

먼저 청크에 대해 알아보도록 하겠습니다. 의미의 덩어리로 청크를 만들면 외우기도 쉬울뿐더러 기억하기도 수월합니다. 예를 들어, '18935648'을 그대로 외우려면 쉽지 않을 겁니다. 하지만 '1893-5648' 하는 식으로 청크를 만들면 외우기 쉬워집니다. 영어 공부를 할 때 문장을 외울 때도 마찬가지입니다. Many years ago / a large fox lived / in the woods. 이런 식으로 문장 속 단어를 적당한 덩어리로 적절히 묶어

주는 편이 의미를 파악하기도 쉬울뿐더러 외우기도 편합니다.

뭔가를 외울 때, 어떤 식으로든 관련을 지어두면 도움이 됩니다. 기억을 끄집어낼 때 다양한 연결고리(후크)가 생겨 쉽게 기억을 떠올릴 수 있거든요. '왜 그 사람 있잖아, 주말연속극에 나왔던, 병든 아버지를 둔, 붉은 머리로 염색한' 하는 식으로 기억해내는 것도 그 배우에 관한 후크를 갖고 있기 때문입니다.

중요한 점은 '가장 효율적인 청크와 후크'는 '제대로 이해하는 것'에서 비롯된다는 것입니다. 제대로 이해한다는 것은 의미 있게 학문적으로 연결을 지을 수 있다는 뜻이기도 합니다. 확실히 이해한다는 말이죠. 말장난 같은 운율을 만들거나 억지로 줄거리를 갖다 붙여도 기억하는 데는 도움이 됩니다. 하지만 그런 청크와 후크를 만들 바에는 학문적으로 착실하고 조리 있게 이해하는 편이 훨씬 효과적이고 바람직합니다.

원래 학문이라는 것은 학자들의 경이로운 발견이 쌓이고 쌓여서 생겨난 체계입니다. 이과 계열뿐 아니라 문과 계열의 학문도 이해하는 것을 목적으로 그 체계가 완성되었습니다. 장章이나 단원單元에는 본질적으로 역사적 의미가 담겨 있기 마련입니다. 따라서 착실하게 공부하고 착실하게 학문적으로 이해하는 것이야말로 기억을 강화하는 가장 좋은 방법입니다. 차근차근 제대로, 그리고 즐겁게 이해하는 것이 최강의 청크이자 후크인 셈이죠.

부모가 먼저
'공부는 즐거워'라고 생각하자 🖊

몇 년 전에《공부에 빠지는 뇌 만들기》라는 책을 쓴 적이 있습니다. 그 책에서는 파친코(일본의 도박 게임)에 빠진 뇌의 메커니즘을 소개하고, 그 메커니즘이 파친코뿐 아니라 일반적으로 공통되는 '중독' 메커니즘임을 지적했으며, 마찬가지로 공부에 빠지기 위해서는 어떻게 해야 하는지를 썼습니다.

그 책을 읽은 한 독자가 이런 의견을 준 적이 있습니다. "파친코와 공부를 동일한 조건으로 비교할 수 있나요? 동일시하기엔 좀 이상합니다. 중독되는 메커니즘은 똑같을지 몰라도, 공부에는 고통이 따르니 계속하기가 힘들잖아요. 파친코는 재미있고 ……." '옳거니!'라고 생각하실지 모르겠습니다. 그러나 이 책을 읽고 있는 부모님이 '공부는 고통스러워서 계속하기 힘들다'고 느낀다면 아이의 뇌도 공부에 빠지게 할 수 없습니다.

"공부는 참 즐거워. 무지무지 재미있어!" "공부할 시간이 있는 우리 아이가 부러워." 이렇게 생각하지 않는다면 아이에게 공부를 권해서는 안 됩니다. 가끔은 힘들고 지겨워질 때가 있다 해도 기본적으로는 '공부는 즐겁다'라고 생각해야 비로소 공부하라는 말을 할 자격이 있습니다. 일도 마찬가지입니다. '이 일은 즐겁고 의미가 있어' '이 세상에 도움이 되는 사람이 될 테야' '나 자신도 즐거워' 진심으로 그렇게 생각하는 상사 밑에서 일한다면 성과도 올라갑니다. 머지않아 삶의 보람도 느끼게 되죠.

일이란 늘 세상의 필요라는 네트워크 속에 있습니다. 내가 하는 일이 세상 어딘가에 도움이 되고, 그래서 대가가 발생하여 돈을 벌게 되는 것이죠. 따라서 어떤 일이든 성실하게 꾸준히 하다보면 곳곳에서 기쁨을 발견할 수 있는 구조가 있습니다. 학문도 일과 마찬가지로 축적되는 네트워크입니다. 막대한 네트워크 속에서 띄엄띄엄 기억한 것은 얼핏 별다른 관련이 없어 보이지만, 그 지식들이 쌓이면 단숨에 유기적인 관련성을 드러내기 시작합니다. '앗, 여기도 연결되어 있어' '저 뒤편은 이거였구나!' 하고 단숨에 세상의 모습이 변해가죠. 이것을 발견하는 순간은 '쾌감' 그 자체입니다. 또 그 쾌감은 어딘가에서 세상을 위해, 많은 사람들을 위해 연결됩니다.

학문이 축적되는 네트워크인 이상, 학습의 성과는 직선적이거나 비례적이지 않습니다. 그래서 학습의 성과가 바로 바로 눈에 보이게 드러나지 않습니다. 땅바닥을 기는 듯한 시간이 오랫동안 계속되다가 갑자기 세상이 눈에 들어오기 시작하는 것이죠. 그리고 갑자기 눈앞이 '확!' 트이는 듯한 쾌감이 덮쳐옵니다. 그러니 자녀가 착실하게 공부를 하는 것에 비해 실력이 빨리 늘지 않더라도 따뜻한 눈길로 지켜봐주세요. 이것이야말로 부모라면 반드시 갖춰야 할 마음가짐입니다. 조바

심 내며 왜 성적이 오르지 않는 거냐고 아이를 다그치지 말고, 앞으로 다가올 아이의 쾌감을 여유를 갖고 기분 좋게 기다려주세요.

뇌는 자는 동안에도
공부한다 🖊

학습에서 수면은 아주 중요합니다. 잠을 자는 동안 우리 뇌에서는 복구와 뇌 속 물질의 합성이 이루어집니다. 기억이 자리 잡으려면 잠이 필수라는 사실은 이미 잘 알려져 있습니다. 그런데 기술을 익힐 때도 잠이 필요하며, 수면 중에 추론이 진행된다는 추측도 있습니다. 최근에는 충분한 수면이 알츠하이머병을 예방한다는 주장도 나왔습니다. 알츠하이머병은 아밀로이드베타라는 단백질이 뇌 속에 축적되어 발병하는데, 수면 중에 이 베타아밀로이드가 감소한다는 사실이 밝혀진 것이죠. 오렉신이라는 수면에 작용하는 뇌 속 물질이 베타아밀로이드 감소의 열쇠를 쥐고 있는 듯합니다.

이런 실험도 있습니다. '신경쇠약 게임(카드를 모두 엎어 놓고 두 장씩 뒤집어 같은 숫자를 맞추는 놀이. 가슴이 조마조마해서 붙은 이름)'이라는 트럼프 놀이처럼 위치관계를 기억하는 테스트를 실시하면서 장미향을 피웁니다. 나중에 잠이 들어 뇌파가 완만해지는 렘수면 때 다시 장미향을 피우면, 테스트를 할 때와 같은 뇌 활동을 보입니다. 더욱이 이 실험을 행한 그룹은 이튿날 아침에 실시한 테스트에서 성적이 향상됐다고 합니다. 장미향이 신호가 되어 자는 동안에도 뇌에서 학습이 재현되는 듯합니다.

해결해야 할 과제를 떠안은 채 잠들면, 자는 동안에도 뇌는 그 과제에 관련된 활동을 할 가능성이 아주 많습니다. 실제로 자는 동안에 기억이 정리되고 정착된다, 농구의 드리블을 익히거나 기술을 숙련하는 데도 잠이 필요하다, 추론조차 잠을 자는 동안 진행된다고 하듯이 수면 중에 다양한 뇌 활동이 일어난다는 사실이 밝혀졌습니다. 물론 아무 공부도 안 한 채 잠만 잔다고 될 일은 아니죠. 머리 한구석에 해결하고 싶은 과제를 떠안고 푹 자는 것, 이것이 중요합니다.

"우리 애는요, 공부라곤 눈곱만큼도 안 해요. 어떻게 해야 할까요?"
"우리 아이 뇌가 공부에 푹 빠지게 하려면 어떻게 해야 할까요?"

강의를 하러 가면 늘 학부모들에게 똑같은 질문을 받습니다. 이런 질문에 답하는 것이 이 책의 사명입니다. 해답 하나는 '진심으로 공부는 즐겁다고 생각하자!'라고 이미 알려드렸습니다. '아이'가 아닙니다. 우선은 어른인 부모가 그렇게 생각해야 합니다. 결국에는 아이가 느껴야 하겠지만, 공부를 시키려는 부모가 먼저 그렇게 생각해야 합니다. 그렇지 않으면 여러분이 하는 행위는 아이에게 고통을 주는 행위, 심하게 표현하면 학대일 뿐입니다.

"학문은 인류가 만들어낸 최고의 즐거움 중 하나란다. 심오한 쾌락이 가득하니 우리 함께 해보지 않을래?"

어떻습니까? 진심으로 그렇게 생각하시나요? 정말로 그렇게 믿으십시오. 그것이 기본 중의 기본입니다. 그런 부모의 믿음이 아이가 공부를 하며 쾌감을 찾아내고 빠져드는 데 매우 중요한 열쇠가 됩니다.

아이와 부모는
방문객 관계

동서고금 시대를 불문하고 부모들의 공통된 고민 가운데 하나가 '우리 애가 공부를 좀더 열심히 했으면 …… '입니다. 어른들은 자신의 어린 시절은 까맣게 잊은 채 자식에게만 욕심을 냅니다. 어릴 때 공부는 나 몰라라 놀기만 했던 사람도 일단 부모가 되면 자식에게 말합니다.

"놀지만 말고 공부 좀 해!"

어른이 돼서야 '그때 공부 좀 열심히 했더라면 …… ' '다시 그 시절로 돌아갈 수만 있다면 …… ' 하는 뼈저린 후회가 밀려오면서 자식에게 '공부, 공부' 잔소리를 하는 것이죠. 대부분의 부모 심정입니다. 하지만 진짜 반성해야 할 부분은 '공부 좀 열심히 할걸'이 아니라 '공부를 좀 더 즐겼어야 했는데'입니다. 이것이 바로 주목해야 할 핵심입니다.

공부를 즐겁게 할 수 없다면 기억도 촉진되지 않습니다. 고통을 견디며 공부해서는 오래 갈 리가 없죠. 더욱이 어릴 때는 부모님에게 "공부해!"라는 잔소리를 들으면 들을수록 공부할 의욕이 사라지지 않던가요? 어린 시절을 돌이켜보면, 공부하려고 마음먹었다가도 '공부 좀 해라'는 말을 들으면 오히려 그 마음이 싹 사라지지 않던가요?

아이는 부모가 이래라 저래라 하는 걸 싫어합니다. 부모의 잔소리를 들으면 이유는 잘 몰라도 괜히 화가 치밀고 반항하고 싶어지죠. 부모든 교사든 옳은 소리를 하면 할수록 더 울컥합니다. 정확하고 올바른 지적일수록 화가 나죠. 부모와 자식 사이에 공부를 뒀을 때 나타나는 대부분의 모습입니다. 이러한 저항감을 깨부수는 하나의 열쇠는 부모 자신이 공부를 좋아하게 되는 것, 아이 이상으로 공부하고 싶어 하는 것입니다.

또 한 가지 부모에게 필요한 것은, 그때그때 적절한 태도를 취하는 일입니다. 부모는 눈앞의 자식에게 '지금 바른 소리를 해야 한다'고 착각하기 쉽습니다. 그래서 "공부해라" "놀기만 하면 안 돼!" "그렇게 시간을 낭비하다간 나중에 후회할 거야"라고 말하죠. 그러면서 속으로는 '지금은 아이가 이해 못 해도 잔소리를 하는 게 맞아. 내가 말 안 하면 절대 고쳐지지 않아. 자꾸 말하다보면 아이가 변하지 않을까? 언젠

가는 내 잔소리가 분명히 도움이 될 거야'라고 생각하지는 않나요?

길을 걸어가다 우연히 스쳐지나가는 사람을 불러 세워서 갑자기 설교를 해댄다면 상대방은 어떻게 반응할까요? 일단 무척 당황할 테고, 운이 나쁘면 경찰이 출동하는 사태까지 벌어질 수 있습니다. 또는 남편을 찾아온 손님에게 갑자기 남편에 대한 불평을 쏟아낸다면? 이 또한 말도 안 되죠. 길가는 행인이나 남편의 손님은 당신에게 방문객일 뿐입니다.

방문객은 어쩌다 당신 앞에 있을 뿐, 자신에게 문제가 있다고는 눈곱만큼도 생각하지 않습니다. 더욱이 당신과 어떤 문제를 해결할 생각은 추호도 없습니다. 사실 부모와 자녀의 관계도 기본적으로는 방문객 관계입니다. 아이는 우연히 눈앞에 있을 뿐입니다. 자신이 해결해야 할 과제를 떠안고 있다는 생각은커녕 문제가 있다는 자각도 없는 관계죠. 방문객 관계가 일상생활에서 가장 많습니다. 그런데 이런 관계에서 설교를 해봐야 반발만 살 뿐입니다. 이 관계에서 당신이 할 수 있는 일은 상당히 한정되어 있습니다. 첫째, 아무것도 하지 않는다. 둘째, 무난한 대화를 나눈다. 셋째, 무엇이든 좋으니 칭찬한다.

상대가 자신에게 문제가 있다고 자각하지 않는 이상, 아무리 마음을 담아서 타일러도 상대의 뇌는 당신의 말을 그저 흘려들을 뿐입니다. 이는 상대방의 잘못이 아닙니다. 방문객 관계에서는 아주 당연한 결론입니다. 이것은 부모 자식 관계에서도 마찬가지입니다.

기본은 칭찬,
칭찬만으로 충분하다 ✎

부모 자식 관계의 기본은 방문객 관계이기는 하나, 이에 버금갈 만큼 불평불만을 말하고 싶은 관계이기도 합니다. 마주보면 화가 치밀고 잔소리를 들으면 마구 반항하고 싶어져서 대답을 안 하거나 말대꾸를 하죠. 특히 아이가 사춘기에 접어들면 이런 상황이 더 많이 연출됩니다.

"부모님 얼굴만 보면 나도 모르게 그냥 성질이 나!"

"아, 몰라 몰라! 말 좀 시키지 말라구. 짜증나니까!"

본래 동물은 생식이 가능한 나이가 되면 부모 곁을 떠납니다. 부모를 떠나 다른 가정을 이루는 것이 자연스러운 모습이죠. 그러기 위해서는 지금 있는 가정과 헤어져야 합니다. 부모의 냄새가 싫어지고 보기만 해도 짜증이 난다는 것은 자연스러운 생물학적 현상입니다.

뭔가 문제가 있음을 어렴풋이 깨닫고는 있다, 하지만 그 문제의 원인은 자신 이외의 타인 또는 환경에 있다, 말로는 자신이 그 문제에 일부 책임이 있다고 하지만 마음속으로는 그리 생각하지 않는, 그런 관계입니다. 그런 관계를 불평가 관계라고 하죠. 문제의 원인은 자신이 아닌 다른 데 있다고 생각하므로, 부모가 '이렇게 하면 되잖니?'라고 진심 어린 제안을 해도 '그건 내 잘못이 아냐!'라며 울컥합니다. 분노의 불씨가 되죠. 이 관계에서 할 수 있는 대응은 다음과 같습니다.

첫째, 뭐든 좋으니 칭찬한다.

둘째, 관찰력을 칭찬해서 문제를 발견하게 한다.

'부작용이 없도록 칭찬한다'가 기본입니다. 그리고 경우에 따라 누군가 혹은 무언가를 관찰하는 과제를 내줍니다. 불만을 말할 줄 아는 사람, 불평불만을 품고 있는 사람은 사실 타인과 주변 환경을 잘 관찰합니다. 잘 관찰하기 때문에 불만거리를 발견하는 것이죠. 화가 날 수밖에요. 방문객 관계에서는 그냥 무시해버리니 화를 내려야 낼 수가 없는 것이죠. 그러니 그 관찰력을 칭찬해주세요. 그리고 가능하다면 관찰 과제도 내주세요.

"공부를 방해하는 건 뭘까? 일주일 동안 한번 관찰해볼래?"

불평불만의 씨앗을 더 확실히 관찰하게 하는 것이죠. 이는 클레임을 거는 고객 응대의 기본이기도 합니다. "어디가 어떻게 안 되는지 말씀해주십시오"라고 말하는 것이 기본입니다. 적절한 과제를 찾아내면 관찰 과제로 삼습니다. 적절한 관찰 과제를 찾아내는 일은 고도의 기술입니다. 요령이 필요하죠. 그래도 기본은 '칭찬'입니다. 칭찬만으로도 충분합니다. 조금이라도 책상에 앉으면 칭찬합니다. 30분 만에 그만둬도 칭찬합니다.

"와, 30분이나 공부를 했구나! 20분이면 그만둘 줄 알았는데, 웬 일이야? 어떻게 그만큼이나 책상에 앉아서 공부를 할 수 있었던 거야?"

공부를 끝내면 칭찬합니다. 뭐든지 칭찬해주세요. 질문을 섞어가며 칭찬하는 방법도 있습니다. 왜 이렇게 하는지, 뇌에 기반을 둔 이야기와 칭찬할 때 주의사항에 대해서는 뒤에서 설명하겠지만 기본은 공부다운 행위를 하면 입에 침이 마르도록 칭찬하기! 그래서 아이가 고객이 될 조짐이 보이는 순간을 잘 관찰하며 기다립니다. 아직은 잠재고객이니까요.

고객은 상품을 구입할 생각으로 가득한 손님입니다. 상대가 고객이라면 이쪽은 손님의 요구를 정확하게 파악해 적절한 상품을 제안해야 합니다. 타이밍에 맞게 고객에게 적절한 양과 방법으로 목표를 설정하고, 고객에게 필요한 유용한 정보를 찾아 오늘의 전략, 내일의 전략을 세우는 것이죠.

고객은 뭔가 해결해야 할 문제를 자신이 떠안고 있으며, 그 문제에 일부 책임이 있습니다. 그렇기 때문에 '적극적으로 해결하고 싶다, 좋은 방향으로 변하고 싶다'라고 생각합니다. 따라서 목표를 정하고, 그 목표를 이루기 위한 유용한 정보를 찾아 첫걸음을 결정합니다. 이것이 기본입니다.

'어라, 이번에도 불평가? 아니면 방문객?' 이런 생각이 든다면 바로 후퇴하세요! 그리고 한결같이 칭찬하세요. 이것이 가장 효과적이고 효율적인 방법입니다. 임상심리학에서는 이런 방법을 '해결 중심 단기 치료'라고 합니다. 짧고 효율적이면서 즐겁게! 게으른 사람에게 안성맞춤이죠. '칭찬하고 기다린다!' 어떤 경우에도 이 자세가 기본입니다.

저는 NHK 라디오 프로그램에서 전화상담을 통해 아이들의 학습 고민을 들어주고 있습니다. 아이들이 종종 하는 질문들입니다.

"어떻게 해야 공부를 잘 하나요?"
"머리가 더 좋아졌으면 해요. 머리 좋아지는 방법 좀 가르쳐주세요."
"시험 공부를 열심히 해도 성적이 안 올라요. 제가 머리가 나빠서 그런 걸까요?"
"공부가 싫어요. 어떻게 하면 공부가 좋아질까요?"

질문을 하는 아이들은 지금 진짜 고객일까? 정말 글자 그대로의 답을 원하는 걸까? 단지 불만을 표출하는 건 아닐까? 실은 전화 통화가 목적일 뿐 질문은 그저 핑계가 아닐까? 그렇다면 고객으로 보이더라도 실은 불평가이다, 부모가 전화해보라고 시킨 방문객일지도 모른다, 그렇게 생각하며 상대의 질문 내용을 되묻고 진짜 목표를 찾으면서 질문에 답합니다.

이 책의 목적 중 하나는 독자에게 그러한 관계성을 꿰뚫어보는 힘을 길러주는 것입니다. 뇌과학적 지식과 임상심리학적 지식을 연결해, 이 책을 읽는 부모들에게 자녀를 관찰하고 판단하는 힘을 길러주고 싶습니다. 그래서 이 책에서는 레슨을 준비했습니다. 귀찮더라도 잠시 멈춰서 지시대로 해주세요. 아이의 뇌를 상상하는 힘을 길러줍니다.

또 부모뿐 아니라 아이들의 미래를 진지하게 고민하는 교육 관계자 분들도 참고해주시면 좋겠습니다. 물론 우연히 이 책을 읽게 된 어린이가 '공부가 좀 재미있어질 것 같아'라고 생각해준다면 더없이 기쁘겠습니다.

1장

게임에 빠지듯
공부에 빠지게 하라

'빠져드는' 뇌의 메커니즘

게임중독처럼
공부에 빠져든다

'지금 공부해두는 게 좋다는 걸 알면서도 왜 공부를 안 하는 걸까? 틀림없이 나중에 도움이 될 텐데. 게임이나 휴대폰에 빠져 있는 시간만큼 공부에 몰두하면 성적도 오르고 좋으련만 ······.' 부모라면 누구나 이런 생각을 하게 되죠? 저도 그렇게 생각했습니다.

우리는 왜 게임이나 휴대폰에 빠지듯 공부에 빠지지는 않는 걸까요? 무언가에 빠져 있을 때, 우리 뇌는 어떤 상태일까요? 억지로 공부할 때의 뇌와는 도대체 뭐가 다를까요? 그 차이를 알면 '아이의 뇌를 공부에 빠지게 하는' 방법도 알 수 있을 겁니다.

게임에 빠지다, 휴대폰에 빠지다, 쇼핑에 빠지다, 명품에 빠지다, 파친코에 빠지다, 경마에 빠지다, 과식 습관에 빠지다, 거식증에 빠지다, 여자에 빠지다, 남자에 빠지다, 자식에게 빠지다, 각성제에 빠지다, 드라마에 빠지다, 대마초에 빠지다, 술에 빠지다, 담배에 빠지다, 건담 프라모델에 빠지다, 바둑에 빠지다, 야구에 빠지다, 연예인에 빠지다, 만화영화에 빠지다, 여행에 빠지다, 아름다움에 빠지다 …… .

위에서 보듯이 사람은 참으로 다양한 물건과 행위 그리고 그밖의 것들에 빠집니다. 그 중에는 '빠졌다'기보다는 '의존', '의존'이라기보다는 '중독'에 가까운 증상도 있습니다. 하지만, 가볍게 빠지는 것부터 깊게 빠지는 것까지 '빠져드는 뇌의 메커니즘'은 대개 다르지 않습니다. 물론 '공부에 빠졌을 때' 뇌에서 작용하는 메커니즘도 마찬가지입니다.

무의식적 행동과 쾌감이
연결되면 뇌는 빠져든다 🖉

이렇듯 우리 뇌를 뭔가에 빠져들게 하는 주역은 도파민dopamine(신경전달물질의 하나로 뇌신경세포에 흥분을 전달)입니다. 잠 안 오는 약이라고 불리기도 하는 각성제는 도파민의 분비를 촉진시키고, 코카인은 도파민이 재흡수되는 것을 막아 시냅스(한 뇌세포에서 다른 뇌세포로 신호를 전달하는 연결 지점) 간의 도파민의 농도를 높입니다. 알코올은 도파민 신경계의 활동을 억제하는 작용을 억제해 도파민의 활동을 활발하게 합니다.

사랑을 해도, 맛있는 음식을 먹어도, 생각지 못했던 보너스를 받아도, 칭찬을 받아도, 아름다움을 느껴도, 위기를 넘겼을 때도, 뭔가를 달성했을 때도, 섹스를 할 때도 도파민 신경계가 활동합니다. 쾌감의 주역인 '도파민 신경계'가 중독의 주역입니다.

'게임에 빠지듯 공부에 빠지는 것'을 목표로 삼았을 때, 한 가지 기억해야 할 도파민 신경계가 있습니다. 쾌감에 관여하는 도파민 신경계는 뇌 안쪽 복측 피개에서 전두엽으로 뻗어 있습니다. 다른 말로 정보계라고도 하죠.

한편 흑질이라는 곳에서 선조체 쪽으로 뻗어 있는 도파민 신경계도 있습니다. 선조체는 연필 돌리기나 컴퓨터 자판 입력처럼 뭔가를 무의식적으로 할 수 있게 되면 이곳으로 운동프로그램이 옮겨와 자리를 잡는 부위입니다. 습관적인 행동이나 무의식적인 행동, 미세한 운동 조정에 관여하는 것이죠. 흑질에서 뻗어나가는 이 도파민 신경계의 활동이 떨어져서 발생하는 질환이 파킨슨병입니다. 그래서 팔다리를 마음대로 움직이지 못하는 것입니다.

이 두 가지 도파민 신경계가 선조체에서 회로를 만드는데, '쾌감'과 '무의식적 행동'이 여기서 연결됩니다. 연필 돌리기를 하면 왠지 쾌감

전두엽에 분포된 도파민 신경계

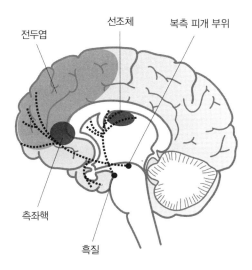

전두엽   선조체   복측 피개 부위

측좌핵

흑질

> 도파민 신경계는 쾌감에 관여하고, 선조체는 습관적 행동이나
> 무의식적 행동 또는 미세한 운동 조정에 관여합니다. 도파민 신경계가
> 선조체에서 회로를 만드는데, 선조체가 무의식적인 동작과 쾌감을
> 연결하면서 뇌의 '빠져드는 메커니즘'이 만들어집니다.

이 느껴지는 이유가 이 때문입니다. 무의식 수준까지 도달한 입력이 기분 좋은 것이죠.

게임할 때의 뇌 영상을 촬영하는 실험을 했습니다. 사전에 게임에 대한 의욕 정도를 조사해뒀습니다. 뇌 영상과 비교해본 결과, 의욕 정도와 선조체의 활성도가 서로 관련이 있는 것으로 나왔습니다. 선조체가 무의식적인 동작과 쾌감을 연결하면서, 그 활동 정도가 의욕에 영향을 주는 것이죠. 행동과 쾌감의 결합으로 나타나는 것이 의욕이고, 그 의욕의 주역이 선조체임을 알 수 있었습니다.

아이의 뇌를
구체적으로 상상하자

아이의 뇌를 공부에 빠지게 하기 위한 열쇠는 '공부에 관련된 행동'과 '쾌감'을 어떻게 연결하느냐에 달려 있습니다. 그러기 위해서 부모가 할 수 있는 첫 단계는, 자녀의 의욕을 관찰하는 힘을 기르는 것입니다. 의욕을 추상적인 존재로 상상하는 것이 아니라, 사물을 보듯이 구체적으로 상상할 수 있어야 합니다. 아이의 뇌를 들여다보듯, 무의식과 쾌감이 결합하는 선조체의 활동을 아이의 뇌 속에 그려봅시다.

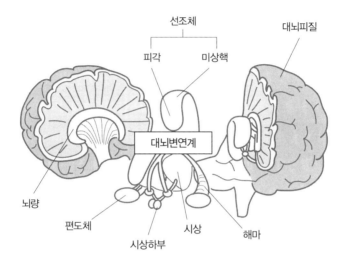

선조체의 구조

선조체

피각　미상핵

대뇌피질

대뇌변연계

뇌량

편도체

시상하부

시상

해마

> 아이가 공부로 비난받으면 선조체의 활동을 방해받아 의욕을 잃고
> 공부는 한층 더 불쾌한 일이 됩니다. 아이는 자신의 선조체를 조작하는
> 주체이므로, 부모는 아이의 선조체 상태를 관찰하며
> 조작할 계기를 찾아야 합니다.

Lesson 1

43쪽의 그림을 봐주세요. 그림에서 보이는 미상핵과 피각을 합해 선조체라고 합니다. 아이의 뇌 속에 있는 선조체를 상상해보세요.

Lesson 2

자, 이번엔 자녀의 선조체가 활동하는 모습을 떠올려봅니다. 자녀의 뇌 속에서 쾌감을 느끼는 도파민 신경계와 습관적 행동에 관여하는 도파민 신경계가 연결되는 모습을 상상해주세요.

'의욕'처럼 추상적인 것을 실체화해 다루는 방법은 일종의 외재화外在化 (객관화, 구체화) 기법입니다. 임상심리학의 기술 중 하나로, 이 경우에는 '의욕'과 '아이'를 분리해서 바라보는 것입니다. 간단한 예를 하나 들어보겠습니다.' 게으른 마음'으로 볼까 '게으름뱅이'로 볼까, 혹은 '억센 고집'으로 볼까 '고집불통'으로 볼까. 단순한 표현의 차이라구요? 그렇지 않습니다.

후자는 모두 인격을 비판하는 뉘앙스를 풍깁니다. 반면 전자는 '게으른 마음'과 '억센 고집'이 아이의 인격과 분리되어 있습니다. 오히려 아이는 '게으른 마음'과 '억센 고집'의 피해자인 셈입니다. 아이를 지키기 위해 '게으른 마음'의 희생양이 된 것은 어떤 행동인가? '억센 고집'이 싫어하는 것은? 이런 식으로 생각할 수 있는 것이죠.

"너는 왜 그렇게 매사에 의욕이 없니?" "공부를 안 한 네 잘못이지!" 이런 식으로 부모의 분노가 폭발할 때, 잘못한 대상은 '너'입니다. 듣는 아이도 자신이 비난받고 있다는 것을 느끼죠. 이러한 분노 폭발은 아이의 편도체를 자극해 공포 반응, 움츠러드는 반응, 반격 반응을 일으킵니다. 결국 선조체의 활동을 방해하는 것이죠. 아이의 '의욕'을 떨어뜨려 공부는 한층 더 불쾌한 일이 되는 것입니다.

그런데 '의욕 = 선조체'라고 사물화하면 죄는 미워도 사람은 밉지 않은 것처럼, 아이와 의욕을 분리시켜 아이를 비난하지 않게 됩니다. 아이는 선조체를 조작하는 주체입니다. 그 아이를 위해 부모는 아이의 선조체 상태를 관찰하며 조작할 계기를 찾아야 합니다. 우선 아이의 선조체를 떠올려, 그 선조체가 순조롭게 활동하는 순간을 관찰해봅시다. 또 무엇이 선조체의 활동을 방해하는지 잘 관찰해보세요.

잘만 다루면 최고의 힘을 발휘하는 중독 회로

선조체에서 무의식적 행동과 쾌감이 연결되면 도파민 신경계가 활발히 움직이면서 행동 그 자체에 빠져들게 됩니다. 뇌에 이런 메커니즘이 있기 때문에 '어느새 또 하고 있더라' '나도 모르게 반복하고 있네'와 같이 무의식적으로 특정한 행동을 하게 되는 것입니다.

담배는 복측 피개를 자극해 쾌감으로 연결하는 도파민 신경계의 활동을 상승시킵니다. 동시에 불을 붙이는 동작과 피우는 동작, 긴장을 푸는 동작, 멍하니 담배 연기를 바라보는 동작 등 다양한 동작에 이 도파민 신경계의 작용으로 쾌감 이미지가 붙습니다. 그래서 금연을 결심하고 담배를 쓰레기통에 던져버려도 어느새 쓰레기통을 뒤져 담배를 찾거나, 한밤중에 담배를 사러 편의점으로 달려가는 행동을 무의식적으로 하게 됩니다. 갈망이 생기는 것이죠. 연예인이 다시 각성제에 손을 댈 때는 담배에 비할 바가 아닙니다. 훨씬 강렬한 무의식적 행동이 일어나죠. 그만큼 무의식적 행동과 쾌감의 결합은 무섭습니다.

그럼 '중독 회로'는 위험하기 짝이 없는 회로일까요? 그렇지는 않습니다. 약물 의존 특유의 회로도 결코 아닙니다. 잘만 다루면 최상의 힘을 발생시키는 회로입니다. 이 회로는 살아가는 데 반드시 필요한 회로이기 때문에 지금까지 우리 몸속에 있는 것이죠. 척추동물이라면 거의 공통적으로 이 회로를 갖고 있습니다. 이 회로의 작용으로 우리는 쾌감을 촉진하는 행동을 자꾸 하려고 듭니다. 매일 밥을 먹어 목숨을 부지하기도 하고 열심히 일하면서 살아갈 수도 있는 것이죠.

공부에 빠지는 일도 이 회로가 있어서 가능합니다. 그러면 자녀의 뇌를 '공부머리'로 만들기 위해 부모가 무엇을 해줄 수 있는지 뇌과학적으로 제안해보겠습니다. 아이는 부모의 말에 귀를 기울이지 않고 그저 흘려듣기만 하는 '방문객'입니다. 그러니 자기도 모르게 설교를 하려드는 부모의 마음을 억누르기 위해서라도 먼저 아이의 선조체를 상상하세요. 그리고 아이의 선조체를 바람직하게 활동하게 할 방법을 생각해보세요. 그 힌트는 바로 아이의 일상생활 속에 있습니다. 우리 아이의 선조체가 좋아하는 것이 무엇인지 잘 관찰해보세요.

선조체는
'두근두근'을 좋아해 ✐

선조체 복측腹側에는 쾌감계인 도파민 신경이 접속하는 측좌핵側座核이라는 장소가 있습니다. 여기서 분비되는 도파민이 '쾌감'의 척도입니다. 이곳을 활성화시키는 '두근두근'거리는 쾌감이 선조체를 활성화시키는 중요한 열쇠가 되죠. 새 게임을 손에 넣고 무척 신이 나 있을 때, 좋아하는 아티스트의 공연을 보면서 흥분 상태가 됐을 때, 생각보다 많은 급여를 받았을 때, 뇌 속 복측 피개 부위에서 이마 부근의 전두엽을 향해 뻗어 있는 도파민 신경계가 힘차게 움직입니다.

이 '두근두근'을 선조체가 엄청 좋아합니다. 다른 말로 하자면 '의욕 회로'의 진수성찬인 셈이지요. 부모가 취미로 사교댄스나 골프에 열중하거나 아이가 TV 앞에 바짝 붙어 만화영화나 드라마에 열광할 때도 뇌 속에서는 이 도파민 신경계가 아주 활발히 활동합니다. 그럴 때 자신의 뇌를 떠올리며, 우리 아이를 '두근두근'거리게 만드는 대상이 무엇인지 생각해보세요. 그리고 유심히 관찰해보세요.

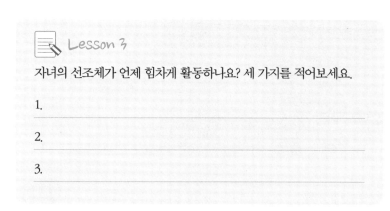

Lesson 3

자녀의 선조체가 언제 힘차게 활동하나요? 세 가지를 적어보세요.

1. _____

2. _____

3. _____

Lesson 4

앞으로 1주일 동안 자녀를 관찰한 후, 자녀의 선조체가 '공부와 관련된 행동에서 활동한다'라고 생각되는 모습을 적어보세요.

_____

'지금 우리 아이의 뇌는 공부에 푹 빠져 있다'는 시선으로 다시 일주일 동안 자녀를 관찰해보세요. 그리고 아이가 공부에 빠지는 데 도움이 될 만한 일을 찾아서 물심양면으로 자연스럽게 지원해주세요.

칭찬은 고래도
춤추게 한다 🖊

공부를 싫어하는 아이가 공부를 하면서 '두근두근'거릴 때가 있을까요? 있다면 언제일까요? 공부를 싫어하는 아이는 공부를 하면서 '됐다!' '끝났다!' '와, 재밌다' '그렇구나!' 같은 쾌감을 느끼기 힘듭니다. 그런 아이라도 칭찬을 받을 때는 대개 '두근두근'하는 쾌감이 생기죠.

아이는 칭찬으로 키우라고들 합니다. 그 근거 중 하나가 영국의 슐츠Schulz라는 학자가 실시한 원숭이 실험입니다. 슐츠는 원숭이 혀에 주스를 떨어뜨려 도파민 신경계의 활동을 조사했습니다. 원숭이는 주스를 좋아해서 혀에 주스 방울을 떨어뜨리면 도파민 신경계가 반응해 뇌 활동 데이터에 '볼록' 하고 봉우리가 생겼습니다. 다음에는 빨간 램프가 켜진 뒤 레버를 누르면 주스가 나오는 장치를 만들어 원숭이를 훈련시켰습니다. 횟수를 거듭하자 원숭이는 빨간 램프가 켜지면 반드시 레버를 눌렀습니다. 이때 도파민 신경계를 보면 '볼록' 하는 반응이 램프가 켜질 때로 바뀝니다. 더 짧은 시간에 날카로운 봉우리를 만들었죠. '왔다!' 하는 순간에 가장 강렬한 반응을 보인 겁니다.

주스 → 칭찬 (보상)
레버를 누른다 → 공부한다

이렇게 대입한다면 '빨간 램프'는 '공부하려는 동기'로 볼 수 있습니다. '공부하면 칭찬한다, 공부하면 칭찬한다'를 반복하면 '공부할까?'라고 생각한 순간 선조체가 활동해 공부할 의욕이 생기는 것이죠. 그러니 자녀가 공부를 하면 일단 칭찬부터 해주세요. 그 시간이 30분이라도 칭찬해주세요. 20분 만에 끝나지 않았으니 결코 근성이 없는 아이는 아닙니다.

왜 10분(!)만에 끝내지 않았는지, 그 이유를 물어보는 것도 좋은 방법입니다. 더군다나 지금까지 책상의 존재조차 잊은 줄 알았던 아이가 책상 앞에 앉아 있다면 정말 경이로운 사건입니다. 진심으로 놀라면서 칭찬해주세요. 아이에게는 엄청난 변화니까요. 공부 비슷한 행동만 해도 당장 호들갑을 떨며 칭찬해주세요.

비교할 대상은 부모 마음속에 품고 있는 이상이 아닙니다. 과거의 아이 모습입니다. 이렇게 생각하면 소소한 플러스 변화를 찾는 일은 그리 어렵지 않을 겁니다. 지금까지 공부를 하지 않았던 아이라면 오히려 다행입니다. 어떤 변화라도 대개는 과거보다 훌륭한 변화일 테니까요. 충분히 칭찬할 만한 일이죠.

'아이가 공부 비슷한 일을 하기만 하면 따지지 말고 무조건 칭찬한다. 아이의 앞날을 조금이라도 생각한다면 펄쩍 뛰어오르며 기뻐한다.' 칭찬은 고래도 춤추게 한다고 하지 않습니까? 부모의 이런 마음가짐이 기본이자, 아이를 변화시키고자 할 때의 중요한 철칙입니다.

칭찬 효과가 떨어질 땐
'도박 조건'이 필요하다 ✎

동물에게 곡예를 가르치는 사육사가 곡예가 끝난 뒤 반드시 먹이를 주는 모습을 떠올려보세요. '○○하면 꼭 먹이'를 되풀이하면 반드시 ○○하게 됩니다. 이처럼 모범이 되는 존재에게 의존하지 않고, 시행착오를 거치며 기계적으로 새로운 환경에 적응하는 것을 '강화 학습'이라고 합니다.

칭찬은 강화 학습의 기본인데, 이 방법에는 몇 가지 문제점이 있습니다. 가장 큰 문제점은 계속 보상을 해줘야 한다는 점입니다. 슐츠의 원숭이 실험 얘기를 더 해보겠습니다. 원숭이가 레버를 눌러도 주스가 나오지 않게 하면 도파민 신경계의 활동이 멈춥니다. 흔히 말하는 '머릿속이 하얀 백지' 상태가 되는 것이죠. 월급날에 월급이 안 나오거나 보너스가 기대했던 것보다 적을 때도 같은 상황입니다. 공부하면 늘 칭찬해주던 부모가 오늘은 칭찬해주지 않는다면 어떨까요? 와야 할 때에 '그것'이 오지 않으면 아이는 풀이 죽어 완전히 의욕을 잃습니다. 선조체가 멈춰버리는 것이죠.

또 한 가지의 문제점은 보상이 그 기능을 잃는다는 점입니다. 매번 주스를 주면 램프가 켜질 때는 도파민 신경계가 활동하지만, 막상 주스를 마신 순간에는 반응이 일어나지 않았던 겁니다. 결국 '○○하면 꼭 보상'이라고 100퍼센트 조건을 내걸면 실제 보상이 보상의 기능을 못 하는 셈이죠. 부지런히 칭찬하는 것도 중요합니다. 그러나 '공부하면 반드시 칭찬받는다'가 당연해지면 '칭찬 효과'의 고마움은 사라지고 맙니다.

물론 아이들은 칭찬해주는 편이 좋습니다. 특히 '지금까지 안 하던 공부를 시작했을 때' '지금까지 없던 열의를 보일 때' '스스로 해보려는 자주성이 조금이라도 보일 때' '공부하면서 눈빛이 달라졌을 때'와 같은 변화를 보이기 시작하면 무조건 칭찬하는 일이 중요합니다.

하지만 변화가 계속될수록 '칭찬 효과'는 점점 사라집니다. 칭찬 효과를 유지하려면 '도박 조건'이 효과적입니다. 원숭이 실험 이야기를 계속하겠습니다. 빨간 램프가 켜져 원숭이가 레버를 누르면 주스가 나옵니다. 나오기는 하나 그 확률이 50~70퍼센트라고 합시다. 나올 때도 있고 안 나올 때도 있는, 불확실한 상황을 만드는 것이죠. 이런 조건을 도박 조건이라고 합니다.

도박 조건을 걸면 학습 시간은 더 걸려도 빨간 램프가 켜졌을 때는 물론 주스가 나올 때도 뇌 활동 데이터가 '볼록' 솟게 됩니다. 도파민 신경계의 활동에 쌍봉우리가 나타나는 것이죠. 하나의 보상에 대해 미리 맛보는 쾌감과 실제 보상에 따른 쾌감이라는 두 가지 쾌감을 얻으면서 '역시 고마워!'가 되는 것이죠. 더구나 하나의 보상으로 두 번이나 짜릿함을 맛보니 상당히 득을 보는 셈입니다.

처음에는 매번 보상을 주거나 칭찬을 합니다. 하지만 '적당한' 시기가 되면 그야말로 주사위라도 던져 보상을 줄여보세요. 적당한 시점이 되면 치고 빠지기! 이런 밀고 당기기가 아이의 선조체를 빠져들게 하는 요령입니다. 한번씩 내킬 때 온 마음으로 칭찬해주는 정도가 칭찬 효과를 높이고 결국 아이의 의욕도 지속시키는 것이죠.

안심하는 쾌감이
공부를 계속하게 만든다

'도박 조건' 때 아이의 뇌에서는 도파민 신경계의 활동과 동시에 세로토닌 신경계가 활동합니다. 세로토닌 신경계는 침착함을 유지하고 불안을 억제하는 작용을 합니다. 우리 뇌의 안정화 장치라고도 하죠. 도파민 신경계는 '두근두근'과 같은 흥분계, 동적動的 쾌감입니다.

반면에 세로토닌 신경계는 '마음이 놓이다' '안심하다'와 같은 치유계, 정적靜的 쾌감입니다. 도박 조건으로 보상을 받다, 못 받다 하는 체험을 함으로써 마음을 진정시키는 작용이 강화됩니다. 이는 아이에게 '기다리는 마음'을 기르게 합니다. 보상을 미뤄도 세로토닌계의 활동이 높아지는 것이죠. '기다려!' 훈련은 마음을 안정시키는 효과가 있는 셈입니다.

세로토닌 신경계가 제대로 작동하지 않아 기다리는 마음이 자라지 않으면, 오로지 칭찬만 받는다거나 연달아 문제가 해결된다든가 하는 흥분성 쾌감을 강박적으로 갈망합니다. 그래서 의존 상태가 되거나 '분노가 폭발하기 쉬운' 상태가 발생하기도 합니다.

어릴 때 스타가 된 사람, 응석받이로 자란 사람은 도파민 신경계의 활동인 흥분과 쾌감을 과하게 추구하다보니, 마음의 안정을 얻지 못해 약물에 의존하는 경향을 보이기도 합니다. 반대로 세로토닌 신경계가 제대로 활동하면 장기적 보상을 좋아하게 됩니다. 눈앞의 쾌감이 아니라 미래의 쾌감을 우선할 수 있게 되는 것입니다.

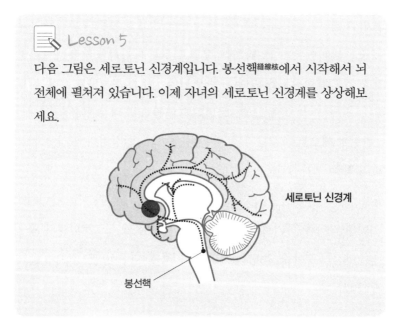

Lesson 5

다음 그림은 세로토닌 신경계입니다. 봉선핵縫線核에서 시작해서 뇌 전체에 펼쳐져 있습니다. 이제 자녀의 세로토닌 신경계를 상상해보세요.

세로토닌 신경계

봉선핵

Lesson 6

자녀가 공부를 하면서 세로토닌 신경계가 활동한다는 생각이 들 때는 언제인가요? 세 가지만 적어보세요.

1. _____

2. _____

3. _____

세로토닌 신경계가 활발하게 움직일 때 아이의 뇌는 게임이나 휴대폰에 빠져 있을 때와 비슷해집니다. 실제로 게임을 할 때와 휴대폰을 조작할 때의 뇌 활동을 조사해본 적이 있습니다. 그랬더니, 전두엽을 중심으로 진정되는 모습이 관찰되었습니다. 이런 상태는 컴퓨터를 할 때도 마찬가지입니다.

그래서 마음이 가라앉고 편안함을 느껴야 계속 할 수 있는 것입니다. 아이가 컴퓨터 게임이나 휴대폰에 빠져서 밤 새는 줄 모르고 몰두할 때를 본 적이 있습니까? 그때 아이의 모습을 유심히 관찰해 보세요. 이때는 아이의 눈 깜박거림이 줄고, 머리의 방향이 바뀌지 않습니다. 또한 몸의 움직임이 눈에 띄게 줄어듭니다. 그리고 다리를 떠는 행위 같은 무의식적인 반복 동작만 하는 경우가 많습니다. 전두엽을 중심으로 뇌 활동이 진정되어 마음이 가라앉고 편안한 상태인 것이죠.

아이가 공부에
빠지는 장소를 찾자 🖊

'기다리는 마음'을 키우는 치유의 쾌감은 중독 회로를 만드는 데 중요한 실마리가 됩니다. 예를 들면, 도박에 빠진 사람은 도박장에 가려고 마음을 먹는 순간부터 도파민 분비가 증가합니다. 예측 쾌감이죠. 두근두근하면서 이상하게 업무가 잘 되기도 합니다. 이 또한 도파민의 작용입니다.

그리고 도박장에 들어서면 이번에는 세로토닌 분비가 증가합니다. '여기야말로 내가 있을 곳이야!' 하는 생각에 마음이 놓이면서 안정이 되는 것이죠. 또 세로토닌 분비로 '기다리는 마음'이 생겨나, 언젠가 한 방 크게 터지기만을 하염없이 기다릴 수도 있습니다.

예전에 명품을 좋아하는 여성들을 모아 명품으로 한껏 멋을 낸 채 화려한 패션거리를 거닐게 하는 실험을 실시했습니다. 이때도 세로토닌 분비량이 증가했는데, 연간 소비액이 큰 사람일수록 많이 분비되는 경향이 있었습니다. 명품으로 마음이 치유된다 함은 바로 이런 경우인가 봅니다.

여행에서 돌아왔을 때 '역시 우리 집이 최고야!'라는 생각이 드는 것은 '우리 집'이라는 장소에 빠진 상태입니다. 여행지에서 불쾌한 일을 겪었을 때 괜히 집이 그리워지는 이유는, 집에 가면 안정감을 느낄 수 있다고 뇌가 학습했기 때문이죠. 반대로 여행지에서 아무리 즐거운 일이 있어도 역시 우리 집이 좋다고 여기는 것은, 우리 집이야말로 가장 마음이 편한 장소임을 뇌가 알고 있기 때문입니다.

 Lesson 7

아이가 이상하게 공부에 흥미를 보일 때를 떠올려 보세요. 그 장소는 어디인가요? 세 군데를 적어보세요.

1. _____

2. _____

3. _____

아이가 조금이라도 공부에 빠질 수 있는 장소를 '성역聖域'으로 삼으세요. 성역은 늘 깨끗하게 정돈해서 언제든지 교과서나 공책을 펼칠 수 있게 해둡니다. 그리고 아이가 그곳에 가면 칭찬해주세요. 끈기 있게 이 행동을 반복합니다. 한 가지 더, 아이가 공부를 시작하면 부모도 TV를 끄고 책이라도 읽으세요. 될 수 있으면 공부가 좋습니다. 두근두근 설레는 마음으로 즐겁게 공부하세요.

나중에 설명하겠지만, 부모가 즐거운 마음으로 공부에 몰두하고 있으면 아이의 뇌도 의욕이 생깁니다. 뭐니 뭐니 해도 이것이 바로 아이가 공부하게 만드는 지름길입니다.

공부에 빠지는
의식 만들기 ✎

'기다릴 수 있는' 환경 만들기는 장소에만 국한되지 않습니다. 공부에 빠지는 상황도 중요하죠. 인간의 뇌는 편한 것을 좋아하는 특성이 있어, 같은 일을 계속 하려는 시스템을 갖추고 있습니다. 이러한 뇌의 성질을 보속성保續性이라 합니다.

뇌의 보속성 때문에 한참 TV를 보거나 휴대폰을 만지작거린 뒤에는 머리가 좀처럼 공부를 하려 들지 않습니다. 그런 상태의 아이에게 "빨리 공부해!"라고 소리를 질러봐야 싸움으로 번지기 십상이죠. 공부 이외의 일로 가득한 머리를 공부로 전환하려면, 아이 나름대로 절차를 만들어 둬야 합니다.

공부에 빠질 수 있는 상황을 스스로 의식화儀式化하는 것입니다. 야구선수가 타석에 들어서거나 골프선수가 퍼팅을 하기 전에 독특한 포즈를 취하는 경우가 있죠. 사실 대부분의 스포츠 선수는 이 '루틴routine(특별한 작업 실행을 위한 의식)'이라는 정해진 의식을 행합니다. 행동을 양식화하고 습관을 들임으로써 늘 일정한 정신 상태를 유지해서 집중력을 높이는 것이죠.

그러면 아이를 공부에 빠지게 하는 의식은 어떻게 만들까요? 공부에 빠지기 위한 의식으로, 다음과 같은 절차를 밟는 방법도 있습니다.

- **첫째, 목표를 정해서 종이에 쓴다.** 목표는 '하루에 한 시간 공부한다!'와 같이 구체적이고 긍정적인 말로 표현하는 것이 아주 중요합니다.
- **둘째, 목표가 적힌 종이를 벽에 붙이고, 짬이 날 때마다 반드시 5초간 바라본다.** 게임 한 단계를 끝냈을 때, 시청하던 TV프로그램이 끝났을 때, 휴대폰으로 문자를 보내고 난 뒤, 아무튼 짬이 날 때마다 벽에 붙여놓은 목표를 보면서 '게임을 하지 않는 상태'를 만듭니다.
- **셋째, 목표를 보면서 스스로 정한 '의식'을 행한다. 동시에 '열심히 하자!'고 소리 내어 말한다.** 예를 들면, '열심히 하자!'라고 소리 내어 말하는 것과 같이 '의식'을 정할 때는 신체적 자극을 느끼는 동작이 효과적입니다.
- **넷째, 미리 정해놓은 '공부를 위한 성역'으로 간다.** 공부를 위한 '성역'은 꼭 공부방이나 책상을 뜻하지는 않습니다. 아이가 집중을 잘 할 수 있는 곳이라면 어디가 되었든 상관없습니다.

조금이라도 공부에 빠질 수 있다면 오히려 부모의 눈이 닿고 칭찬하기 좋은 거실 탁자가 나은 경우도 있습니다. 하지만 이러한 절차를 주변에서 마련해주는 것은 무의미합니다. 자기 스스로 발견해서 '이거다!' 싶은 생각이 들지 않으면 암시 효과도 작용하지 않습니다.

부모가 할 수 있는 일이란, 기껏해야 자녀가 "아무래도 집중이 안 돼요!" 하고 도움을 요청했을 때 "이런 방법도 있는데, 한 번 볼래?"라며 목록을 작성해 주는 정도입니다. 또 판에 박힌 내용보다는 아이의 특성에 맞춘 개성 있는 목록이 바람직합니다.

✎ Lesson 8

지금 자녀를 관찰해서 아이에게 적합하다 싶은 의식을 구체적인 행동 형태로 세 가지를 적어보세요.

1. _____

_____

2. _____

_____

3. _____

_____

부모의 행동을
흉내 내는 '미러 뉴런'

아이가 방문객인 한, 부모가 할 수 있는 일은 공부에 빠질 만한 환경을 만들어 주는 정도입니다. 아이는 기본적으로 부모가 하는 말을 잘 듣지 않기 때문이죠. 아이들은 부모의 말에는 귀를 기울이지 않더라도 부모의 행동은 무의식적으로 흉내를 내려 듭니다. 최근 뇌과학에서는 뇌와 뇌가 마주했을 경우, 뇌가 서로 똑같은 활동을 하려 한다는 사실을 밝혔습니다.

예를 들어, 눈앞에 있는 사람이 손을 돌립니다. 그 사람의 뇌에서는 당연히 손을 돌리는 데 필요한 뇌 부위, 운동 영역 전체와 운동과 관련 있는 영역이 움직이고 있을 것입니다. 그런데 상대가 손을 돌리고 있는 모습을 보고 있기만 해도 자신이 손을 돌리고 있을 때처럼 뉴런(뇌세포)이 활동하기 시작합니다.

이와 같은 뇌 메커니즘을 '미러 뉴런Mirror Neuron(거울 신경)' 또는 '미러 시스템Mirror System'이라고 합니다. 미러는 영어로 '거울'이라는 뜻입니다. 우리 뇌에는 눈앞에 있는 사람의 동작이나 의도, 감성까지 흉내 내는 세포가 있다는 말이죠. 최근에 TV를 보면 맛집 프로그램이 한창 유행인데, 진행자가 먹음직스럽게 젓가락을 가져가면 우리 뇌도 젓가락을 움직입니다. 먹고 싶다는 욕구도 모방하는 것이죠.

이 미러 뉴런 덕분에 '보고 배우는 일'이 가능합니다. 부모의 동작이나 마음 상태는 무의식적으로 아이에게 전해져 아이의 뇌도 똑같은 활동을 하려 들거든요. 아이가 발로 문을 여는 모습을 보고 "버르장머리 없이 그러면 안 돼!"라고 주의를 쳤더니 아이가 말대꾸를 합니다. "엄마도 그러잖아!" 흔히 보는 장면이죠? 미러 뉴런의 '흉내 내는 힘'은 우습게 볼 수 없습니다. 함께 사는 가족은 같이 지내는 시간이 긴 만큼 미러 뉴런의 영향력도 큽니다.

'아이는 부모의 뒷모습을 보고 자란다'고들 합니다. 뇌과학적으로도 충분히 근거가 있는 말입니다. 아이는 미러 뉴런을 통해 자기도 모르는 사이에 결국 부모의 모습을 흉내 내고 있는 셈이거든요. 아이가 '아침형'이라서 이른 아침에 공부를 해야 머리에 잘 들어온다면, 우선 부모가 아침 일찍 일어나 자신만의 시간을 보내는 모습을 보여주세요. "너도 일찍 일어나 공부해보렴." 그런 말은 굳이 필요 없습니다. 부모가 먼저 행동하고 나서 아이의 미러 뉴런에 맡기면 그만입니다.

공부에 빠지려면 '살아가는 힘'이 필수

이쯤에서 부모가 마음에 새겨두었으면 하는 것이 있습니다. 부모 또한 자신이 무엇을 위해, 누구를 위해 공부하는지 생각해봤으면 합니다. 그리고 그 공부가 결국 세상을 위하고 남을 위하는 일로 이어지길 바랍니다. 아이가 공부 외에는 전혀 관심을 두지 않고 오로지 공부에만 빠져 있다면 실력은 좋아지겠죠. 시험에서 좋은 점수를 받아 성적도 올라갈 테고요. 부모는 그런 상태가 이상적이라고 생각할 테고, 사회에서 성공하길 바라는 사람들도 같은 생각을 하리라 봅니다.

부모는 아이가 공부하기를 바라기 때문에 그 노하우를 알고 싶어 합니다. 이 책을 집어든 이유도 '우리 애가 좀더 공부를 했으면 ……' 하는 심정이었으리라 생각합니다. 물론 그런 부모의 마음을 부정하고 싶지는 않지만, 부모에게는 아이의 인생을 좀더 긴 안목으로 봐야 할 책임이 있습니다. 암기법을 배워 암기력이 오른다 해도 입시 문제는 암기만으로 해결되지 않습니다.

원하는 학교에 들어갔다 해도 결국 '살아가는 힘'을 기르지 못하면, 일을 창조적으로 할 수도 없거니와 무엇보다 삶에 기쁨을 느끼지 못합니다. 나보다 더 큰 차원인 '세상을 위해, 인간을 위해'로 연결되는 목적의식이 없으면, 공부를 하려는 열의가 그리 오래 가지 않습니다. 명문대 합격을 목표로 삼는 목적의식을 갖고 할 수 있는 일이란 뻔합니다. '공부밖에 할 줄 모르는' 어른으로 성장한다면 아이에게는 매우 불행한 일입니다.

이 문제를 생각해보기 위해 다치바나 교수팀이 만든 '살아가는 힘'

조사 용지(쓰쿠바대학교 다치바나 교수팀이 교육 관계자를 대상으로 조사해 만든 '살아가는 힘'을 구성하는 지표)를 간략하게 발췌해 소개하겠습니다. 결국 여기서 말하는 자주성, 사회성을 획득하지 못하면 스스로 공부하는 힘도 결코 자라지 않습니다. 아래 항목의 내용과 비교할 때 우리 아이는 어떤지 곰곰히 생각해보면서 천천히 읽어주세요.

- 일찍 자고 일찍 일어난다.
- 누구와도 사이좋게 지낸다.
- 자기 자신을 무척 좋아한다.
- 때와 장소에 맞게 행동한다.
- 매사에 긍정적으로 생각한다.
- 무슨 일이든 자발적으로 한다.
★ 작은 실패를 두려워하지 않는다.
- 돈이나 물건을 낭비하지 않는다.
- 실패하더라도 금세 다시 일어선다.
- 몸을 움직여도 별로 피곤하지 않다.
- 싫은 건 싫다고 확실히 말할 수 있다.
- 남을 위해 무언가 해주기를 좋아한다.
- 자신에게 주어진 일은 확실히 해낸다.

★ 어떤 일이든 싫어하는 내색을 하지 않는다.

★ 스스로 문제점이나 과제를 발견할 수 있다.

★ 이기적이고 자기중심적인 말을 하지 않는다.

★ 앞날을 내다보며 스스로 계획을 세울 수 있다.

• 꽃이나 풍경처럼 아름다운 것에 감동할 줄 안다.

★ 남의 이야기를 한눈파는 일 없이 끝까지 듣는다.

• 다른 사람이 겪는 마음의 고통을 이해할 수 있다.

세상에, 이렇게 기특한 아이가 정말 있기나 하냐고요? 하지만 이런 아이로 키우고 싶은 것이 당연한 부모의 심정 아닐까요? 매사 긍정적이지 못하고, 자기 할 일을 적당히 처리하며, 몸을 움직이면 금세 피곤해하고, 돈이나 물건을 함부로 쓰는 아이로 키우고 싶으냐고 물었을 때 '예'라고 대답할 부모는 거의 없습니다.

항목 중에서 별표로 표시한 것은 학력과도 관계가 있습니다. '스스로 문제점이나 과제를 발견할 수 있다' 같은 항목은 '공부에 빠지는 머리'를 만드는 데 반드시 필요하죠. 아무리 아이가 공부를 하게 되었더라도, 그 바탕에 위의 항목들이 깔려 있지 않으면 공허하기 그지없는 이야기입니다.

2장

공부 안 하고 못 배기는

아이로 만들기

부모가 꼭 알아야 할 아이의 뇌 습관

남녀의 뇌 차이로 달라지는
공부에 빠지는 법

엇갈리는 남녀 간의 갈등의 원인을 '뇌'에서 찾은 《말을 듣지 않는 남자, 지도를 읽지 못하는 여자》라는 책이 10여 년 전 화제가 된 적이 있습니다. 그 후 '남자 뇌' '여자 뇌'란 말이 새롭게 정착되었고, 연애나 업무 화제로 남녀의 뇌 이야기가 자주 오가게 되었습니다. '그래서 남자는 금세 들통 날 거짓말을 하는구나!' '그래서 여자는 전화를 하면서도 잡지를 읽고 페디큐어까지 할 수 있구나!' 하며 고개를 끄덕인 사람들도 제법 있죠.

　여자는 말합니다.

"남자들은 정말 이해를 못 하겠어."

남자도 말합니다.

"여자들은 도대체 왜 저래?"

성인 남녀 사이에서 일어나는 엇갈림이 엄마와 아들, 아빠와 딸 사이에서 똑같이 일어납니다. 사춘기 자녀를 둔 부모들은 한참 반항하는 아이를 보며 답답해 합니다. "요즘 우리 애 기분을 알다가도 모르겠어요!"라고 말하며 어찌할 바를 몰라 합니다. 사춘기 특유의 '불안정한 심리'에 세대 차이, 게다가 이성異性의 자녀라면 마치 외계인처럼 보일지도 모릅니다. 아이의 개성 때문에도 그럴 만하지만, 뇌의 차이에 따른 남녀 차이도 상당합니다.

최근 뇌과학에서는 신경세포의 돌기가 나온 모양부터 시작해서 뇌 구조와 기능도 성차性差가 있다고 밝혔습니다. 남자아이와 여자아이는 뇌를 쓰는 방식이나 활동이 광범위하게 다를 뿐 아니라 잘하고 못하는 분야도 다릅니다. 흔히 '남자아이는 퍼즐을 잘해!' 혹은 '여자아이는 수다를 좋아해!'라고 하는데, 뇌과학의 견지에서 보면 확실히 근거가 있는 말입니다.

남녀의 뇌는 태어나기 전부터 다릅니다. 엄마 뱃속에 있을 때부터 뇌 전체의 크기, 부분의 크기, 네트워크가 연결된 방식 등 여러 가지 점에서 차이를 보이죠. 그 차이로 남녀가 엇갈리듯 엄마는 아들의 뇌를, 아빠는 딸의 뇌를 잘 이해하지 못합니다.

남녀의 차이보다 개성의 차이가 훨씬 크다고는 하지만 평균적으로 남자와 여자의 뇌에 차이가 있는 것은 엄연한 사실입니다. 그 차이가 아이의 집중력, 기억력, 의욕에도 영향을 미치는 것이죠. 남녀 뇌의 차이를 알고 있으면 자녀를 이해하는 데 도움이 되고, 공부에 빠지기 쉬운 환경 만들기에도 참고가 될 것입니다.

엄마의 표정은 잘 못 읽어도
집중을 잘하는 남자아이의 뇌

남자와 여자는 우뇌와 좌뇌를 연결하는 '뇌량'의 굵기가 다르다는 설이 있습니다. 이에 대해서는 두 가지 이론이 맞선 채 아직 결론이 나지 않았는데, 뇌 활동을 보면 남자의 뇌는 좌뇌와 우뇌를 따로따로 사용하려는 반면, 여자의 뇌는 동시에 사용하려는 경향을 보입니다.

'여자애가 키우기 편하다'는 어머니들의 의견을 자주 듣습니다. 여자아이는 일반적으로 말을 빨리 배우고 커뮤니케이션이 잘 되는 데 비해, 남자아이는 손이 많이 간다고 느끼는 어머니들이 많은 듯합니다. 하기야 초등학교에 입학할 무렵까지는 여자아이가 '착한 아이'로 보일지도 모릅니다. 이 시기의 아이들을 비교해보면, 남자아이보다 여자아이가 전두엽의 회백질이 두꺼운 경향이 있습니다. 때문에 여자아이가 남자아이보다 말을 빨리 배우고, 언어에 감정을 담아 능숙하게 커뮤니케이션을 할 수 있습니다.

한편 남자아이는 눈썹 안쪽 부근에 있는 전두엽 중에서도 안와전두엽 부위의 두께가 여자아이와는 상당히 다릅니다. 안와전두엽 부위는 표정이나 분위기 읽기, 감정과 가치 판단 같은 커뮤니케이션을 관장하는 장소입니다. 조금 심하게 표현하자면 일반적으로 남자아이는 이 안와전두엽 영역이 완전히 '꽝'입니다.

남자아이는 언어와 감정이 따로 노는 경향이 있어 상대에게 잘 공감하지 못합니다. 때문에 여자아이는 당연히 할 수 있는 표정이나 분위기 읽기가 남자아이에게는 의외로 어렵습니다. 아니, 본인은 나름 한다고 생각하는데 여자가 보기에는 '하여간 눈치코치도 없어!'가 되는 것이죠. 그러니 아들이 엄마의 표정을 잘 읽지 못하더라도 너그러이 봐주세요.

우뇌와 좌뇌가 독립해서 활동하는 남자아이의 뇌는 엄마가 '진절머리가 나 있다' '슬퍼한다'와 같은 표정 읽기가 힘듭니다. 하지만 뇌의 기능 일부가 특화해서 움직이므로 전문성이 높은 일을 깊게 파고들기를 잘 합니다. 전문화된 작업이 뛰어난 남자아이의 뇌는 '집중'에서 실력을 발휘합니다.

- **한 가지 일에 몰두한다.**

- 한 번에 한 가지 작업밖에 못 한다.
- 무언가에 열중하고 있을 때는 누가 말을 걸어도 못 듣는다.

남자아이의 이런 특징은 좌우 뇌를 따로따로 사용하기 때문입니다. 엄마가 열심히 이야기하고 있는데 날아든 파리에 정신이 빼앗긴 남자아이는, 몸은 그대로 있지만 귀는 이미 그 자리에 없는 상태죠.

남자아이는 눈으로 본 정보가 두정연합영역이라는 부위로 곧장 들어옵니다. 이곳은 시각이나 보디 이미지^{body image}(자기 몸에 대한 공간적 심상心像)와 관련된 장소로, 공간 인식과 움직임 등을 처리하므로 남자아이는 입체적으로 움직이는 사물에 바로 반응을 합니다. 그래서 남자아이는 위아래가 뒤집힌 지도를 이해하고, 입체도형을 다른 각도에서 보면 어떻게 보일지 쉽게 상상할 수 있는 것이죠.

하지만 부모로서는 걱정이 되기도 합니다. '남의 말도 제대로 듣지 못하다니 …….' 관심이 가는 대상이 있으면 시각도 모르게 그쪽에 주의가 쏠리는 것은 다른 정보를 배제하고 있다는 뜻입니다. 그럼 배남자아이는 훌륭한 집중력을 발휘합니다. 이 경향이 극단적으로 나쁘게 발휘되면 스토커 같은 반사회적 행위로 빠질 수 있지만, 장점으로 나타나면 '바람직한 중독'의 가능성을 내포하고 있습니다. 예로부터 남자는 한 가지 일에 몰두하는 집중력과 공간인지능력 덕분에 로켓 개발이나 초고층 빌딩 건설 등에서 실력을 발휘해왔습니다.

남자아이의 '빠져드는' 특징을
공부 마스터에 적용한다

남자아이의 뇌를 '공부머리'로 만들려면 뇌의 '빠져드는' 특징을 어떻게 사용하느냐가 관건입니다. 우선 전 과목을 두루두루 공부하게 하기보다는 아이가 좋아하는 과목부터 먼저 손을 대게 합니다. 조금이라도 호기심을 보이는 과목에 집중하게 해서 공부하는 습관을 들이는 것이죠.

그런 다음 싫어하는 과목에도 손이 가면 '칭찬 효과'가 나올 차례입니다. 공부에 대한 의욕과 흥미가 유지되도록 적당히 칭찬해주세요. '한 가지 뛰어난 재능을 마음껏 발휘하는 일'도 환영하는 가정이라면, 좋아하는 과목만 실컷 공부하게 하는 방법도 있습니다. 한 과목이라도 열심히 하면 칭찬해주세요.

입체적으로 움직이는 사물에 시선을 빼앗기는 특징을 고려하면, 공부방 환경에도 주의가 필요합니다. 아이가 집착이 강해 한 가지에 몰두를 잘 하든 주의가 흐트러지기 쉬워 집중하기 어렵든 부모가 보기에는 삭막할 정도로 간소한 환경이 적절합니다.

옆에서 부모가 TV를 보는데 집중이 될 리 없고, 만화책이 가득한 방에서 집중이라니 꿈 같은 이야기입니다. 집 전체를 공부하기 좋게 정돈하는 것이 가장 좋습니다. 물론 여유와 평온을 느끼는 시간과 공간은 꼭 필요하니, 평소 편하게 지내던 거실을 저녁 7시 반부터 스스로 공부하는 공간으로 삼으면 아이의 선조체가 빠져들기에 좋습니다.

어른처럼 뇌를
사용하는 여자아이

여자아이가 남자아이보다 더 조숙하다고 하는데, 뇌의 특징을 봐도 일리가 있는 말입니다. 유아잡지를 감수하는 관계로, 3~6세 아이들이 학습을 하고 있을 때의 뇌 활동을 4년 정도 조사한 적이 있습니다. 실제로 여자아이의 뇌는 3~5세 사이에 극적인 변화를 이뤄 어른처럼 뇌를 사용합니다.

여자아이의 뇌를 관찰해보면 좌우뇌가 동시에 움직이는 것을 볼 수 있습니다. 뇌의 사령탑인 전두엽이 발달한 여자아이는 싸우면서도 논리와 감정을 동시에 실어 대화를 나눕니다. 상대의 감정을 헤아리며 자신의 감정도 정리하는 병행 처리 능력도 우수하죠. 이런 이성형 뇌를 '공감뇌'라고도 하는데, 여자아이는 어릴 때부터 '공감뇌'의 특징을 발휘합니다. 다섯 살 무렵에 이미 '엄마랑 아빠가 싸우고 있지만 못 본 척하는 게 좋겠어'와 같은 배려를 할 만큼 조숙하죠. 반면, 남자아이는 부모가 심각하게 부부싸움을 해도 태연하게 잠이 들기도 합니다.

'딴짓하며 공부하기'는
주의 신호?

휴대폰으로 통화하며 잡지를 읽고 페디큐어까지 바를 수 있는 것이 여성 뇌의 병행처리 능력입니다. 이런 일이 가능한 이유도 여성은 '워킹메모리working memory(작업 기억, 새로운 정보를 이미 알고 있는 자신의 기억이나 전략 등을 통해 장기 기억으로 넘어가게 해 주는 역할)'의 다중 사용이 능하기 때문입니다.

워킹메모리에 대해서는 나중에 설명하겠지만, 간단히 말하면 '뇌의 메모장'입니다. 남자아이는 뇌 속에 여러 장의 메모를 펼쳐 작업하는 것이 힘들기 때문에 한 번에 여러 개를 기억하지 못합니다. 반면 여자아이는 동시에 메모를 몇 장씩 펼쳐 작업해도 원활히 해낼 수 있죠. 이런 여자아이의 뇌는 '딴짓하며 공부하기'에 적합해 보입니다.

하지만 최근에 이런 보고가 있었습니다. '여러 작업을 병행하는 정도'를 다중작업(멀티태스킹)도*라고 하는데, 그 정도가 높은 학생과 낮은 학생의 인지능력을 측정하는 연구에서, 불필요한 정보를 무시하는 능력과 워킹메모리 능력, 재빨리 관심을 전환하는 능력은 다중작업도가 높은 학생 쪽이 오히려 낮다는 결과가 나왔습니다.

다시 말해서 얼핏 멀티태스킹으로 보이는 '이것저것 동시에 하기'는 사실 워킹메모리를 다중으로 사용하는 것이 아니라, 눈에 띄는 일을 그때그때 시간에 미리 처리하는 것만 빼입니다. 오히려 집중력이 흐트러지도록 조장하는 셈이죠. 자, 그러면 여기서 레슨입니다.

Lesson 9

자녀가 공부와 다른 일을 병행해서 할 때 잘 관찰해보세요. 뇌 메모장을 제대로 사용하고 있는지, 단지 주의가 여기저기 흩어질 뿐인지 말이죠. 그리고 관찰 결과를 적어주세요. 상상을 하거나 기억을 더듬어서는 안 됩니다. 여러분의 편견이 가로막을 테니까요.

역시 '뇌' 관찰이
중요하다

뇌에서 기인한 남녀 차로 꼽을 수 있는 특징들은 어디까지나 통계상의 이야기입니다. 남자아이라도 '여성형 뇌'를 가진 아이가 있고, '남성형 뇌'를 가진 여자아이도 있습니다. 그래도 이러한 뇌 습관을 생각하는 일은 외재화의 일종입니다. 적어도 아이의 인격 비판은 피할 수 있는 것이죠.

어느 기업의 면접 담당자가 들려준 이야기입니다. 대학을 갓 졸업한 응시자들을 면접해보면 남성에 비해 여성이 압도적으로 뛰어나 보인다고 합니다. 질문에 대한 대답이나 자기 의견도 딱 부러지고, 남성과 비교가 안 될 만큼 자기표현이 능숙하다면서 말이죠. 이는 여성형인 공감뇌에서 보이는 특징입니다. 당연히 면접관은 아무래도 여성을 채용하려 합니다.

하지만 7 대 3 또는 8 대 2 비율로 남성 응시자도 채용해두는 것이 요령이라 합니다. 남성은 20대 후반에 빠르게 업무능력이 향상될 가능성이 있기 때문이죠. 여성의 결혼 적령기가 늦춰졌다고는 하지만 20대 후반이 되면 결혼으로 퇴사하는 사람이 나옵니다. 반면, 남성은 입사해서 몇 년 간 착실히 일하면 27세 무렵부터 갑자기 실력을 발휘한다는 것이 그 면접관의 분석이었습니다.

물론 20대 후반의 '성장 가능성'은 그때까지의 과정이 반드시 있어야 합니다. 사회에 나가서 본인이 한 노력도 중요하지만, 사회에 나가기 전의 환경도 마찬가지로 중요합니다. 현대는 커뮤니케이션이 무엇보다 중요한 사회입니다. 그러다보니 공감이 서투른 '남성형 뇌'는 분명히 불리한 면이 있습니다. 그렇기 때문에 사회에 나가기 전의 환경이 더욱 중요합니다.

자녀를 잘 관찰해보세요. '우리 애는 여자에니까!' '남자에니까!'라고 단정 짓기 전에. 평소 아이를 잘 관찰하면서 좋은 부분을 칭찬해 놓아주세요. 관찰하지 않으면 칭찬할 타이밍도 놓치고 맙니다.

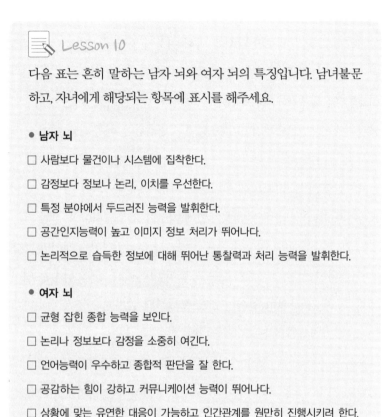

다음 표는 흔히 말하는 남자 뇌와 여자 뇌의 특징입니다. 남녀불문
하고, 자녀에게 해당되는 항목에 표시를 해주세요.

● **남자 뇌**

☐ 사람보다 물건이나 시스템에 집착한다.

☐ 감정보다 정보나 논리, 이치를 우선한다.

☐ 특정 분야에서 두드러진 능력을 발휘한다.

☐ 공간인지능력이 높고 이미지 정보 처리가 뛰어나다.

☐ 논리적으로 습득한 정보에 대해 뛰어난 통찰력과 처리 능력을 발휘한다.

● **여자 뇌**

☐ 균형 잡힌 종합 능력을 보인다.

☐ 논리나 정보보다 감정을 소중히 여긴다.

☐ 언어능력이 우수하고 종합적 판단을 잘 한다.

☐ 공감하는 힘이 강하고 커뮤니케이션 능력이 뛰어나다.

☐ 상황에 맞는 유연한 대응이 가능하고 인간관계를 원만히 진행시키려 한다.

아이의 뇌 습관으로
'공부머리'를 만든다

뇌는 남녀의 차이보다 개인차가 훨씬 큽니다. 개인차는 유전적인 요소나 양육법, 환경과 밀접한 관련이 있는 '뇌 습관'의 영향을 받습니다. 한마디로 '기질'과 '성격'이라고 말할 수 있습니다. 선천적인 것을 '기질', 후천적으로 형성되는 것을 '성격'으로 구별한다면, 기질은 '유전적인 요소'를 바탕으로 한 뇌 습관, 성격은 '어른스러움'을 바탕으로 한 뇌 습관입니다.

최근에는 자녀와 궁합을 보는 부모가 있다고 합니다. 가볍게 장난삼아 봤다가 '궁합이 나쁘다'고 나오면 앞으로 아이를 어떻게 키워야 하나 심각하게 고민한다고 하니, 참 놀랄 일입니다. 이러한 부모는 극단적이기는 하나 지금은 '기질 우위 시대'라고 봅니다.

뭐든지 자유로워져 '어른스럽게 행동하라'는 속박이 적어진 만큼 유전적 요소가 쉽게 겉으로 드러나는 시대죠. 그러한 시대를 살고 있는 만큼 아이의 기질을 바탕으로 한 뇌 습관을 아는 것은 분명 아이를 키우는 데 도움이 됩니다.

또 기질은 행동의 기본 패턴이기도 합니다. 유전적 요소가 바탕인 이상 부모가 자식에게 물려주는 요소가 크죠. 또 여러분의 부모에게 물려받은 기질도 더해 떠올려보면 아이의 행동을 이해하기 쉽습니다.

물론 '공부머리'를 만들 때, 기질을 바탕으로 한 '뇌 습관'은 하나의 지표입니다. '뇌 습관'이 다르면 공부에 빠지는 방법도 달라집니다. 기질은 타고난 뇌 습관입니다. 고치려 하는 것은 무리죠. 오히려 타고난 기질을 어떻게 이용하는가, 기질 위에 무엇을 얹는가가 중요합니다.

우리 아이
뇌 습관 **알아보기**

우리 아이를 떠올리면서 아래의 테스트를 해보세요. 아이와 함께 해보거나 아이가 직접 체크를 하게 해도 재미있습니다.

Lesson 11

자녀에게 해당되는 항목에 체크해보세요. 그 다음에는 부모인 자신에게 해당되는 항목도 체크해보세요!

A

돈은 쓰기 위해 있다.

규칙을 지키는 것이 싫다.

머리스타일을 자주 바꾼다.

진학한다면 역시 도시로 가고 싶다.

갑자기 새로운 일을 시작하고 싶어진다.

편의점이나 약국의 신제품은 반드시 체크한다.

B

쉽게 피곤하다.

낯을 가리는 편이다.

안심, 안전이 제일이다.

외출보다는 집에 있는 게 좋다.

눈에 띄는 행동은 별로 좋아하지 않는다.

친구와 직접 이야기하기보다는 휴대폰으로 문자를 보내는 쪽이 마음이 편하다.

C

단 것을 무척 좋아한다.

'친한 친구'라 할 만한 친구가 많다.

칭찬받는 걸 좋아해서 칭찬받으면 의욕이 솟는다.

드라마나 영화를 보다 나도 모르게 눈물을 흘린다.

친구들과 어울릴 기회가 있으면 되도록 빠지지 않는다.

남에게 선물을 하거나 남을 기쁘게 하기를 무척 좋아한다.

D

내 방은 항상 정리정돈이 되어 있다.

아침밥은 매일 정해진 시간에 먹는다.

DVD를 빌리면 특별 추가 영상은 꼭 본다.

가방 안에는 '유사시'에 쓸 물건이 꽤 들어 있다.

조금이라도 살이 찌면 '다이어트'라는 글자가 떠오른다.

분위기 파악을 못 하거나 굼뜬 사람을 보면 참을 수가 없다.

A에서 D 중 가장 체크 항목이 가장 많은 것이 '뇌 습관(바탕 기질)'의 주체입니다. 아이 또는 부모인 자신에게 가장 강한 기질인 것이죠. 두 가지 기질에 같은 숫자의 항목이 체크됐다구요? 그런 경우라면 양쪽 기질이 맞서고 있는 상황으로 이해할 수 있습니다. 부모와 자녀의 뇌 습관이 서로 어긋나면 여러 가지 문제를 일으키기도 합니다.

유형별
공부머리 만들기 ✏

A 도전정신은 왕성하지만 쉽게 싫증을 내는 '탐험가 타입'

'행동 가속기'인 도파민 신경계의 활동이 과도한 탓에 자극적이거나 새로운 것을 좋아해 관심 대상이 계속 바뀝니다. 감성이 풍부하고 도전 정신도 왕성하지만 쉽게 달아올랐다 쉽게 식는 경향이 있습니다.

공부할 마음이 생기면 처음에는 의욕이 왕성하다 못해 넘칠 지경입니다. 공책 정리법을 구상하거나 계획표를 짜는 등 의욕적으로 매달리지만 기본적으로 금세 싫증을 내기 때문에 오래가지 않습니다. 학교공부 외에도 흥미가 있으면 뭐든지 손을 대서 한동안은 열심히 배우지만, 눈에 보이는 성과가 나오기도 전에 관심이 사라지죠.

탐험가 타입의 아이는 출발과 동시에 속도를 올리는 것이 공부의 생명입니다. 숙제든 시험공부든 한 번에 해치우는 편이 적합하죠. 계획표를 꼼꼼히 만들다가 준비단계에서 시간을 너무 잡아먹으면, 공부를 시작하기도 전에 싫증을 낼 가능성이 있습니다.

시험공부의 경우, 나중에 공부할 과목까지 학습 의욕이 지속될 만한 방법을 고안하는 일이 중요합니다. 또는 하루에 한 과목씩이라고 정해두는 방법도 좋습니다. 방학 때는 아이의 변덕스러운 성격을 고려해, 방학이 끝나기 1주일 전쯤에는 숙제가 끝나도록 계획표를 짜두는 것이 무난합니다. 새로운 걸 좋아하므로 같은 문제집을 반복하기보다는 계속해서 새로운 문제집을 푸는 편이 좋습니다.

아이가 새로운 일을 시작하기는 어떤 형태라도 좋으니 '목표'를 설정하게 하세요. 성취감은 뇌 활성화에 중요한 요소이자, 다음 단계로 넘어갈 수 있게 만드는 동기부여도 됩니다. 그 다음에는 장기적인 목표를 설정해서 자신의 장래 모습을 상상하게 하세요. 왕성한 도전정신을 '할 줄 아는 건 많으나 특별히 잘하는 건 없는 사람'으로 만들어버린다면 무척 안타까운 일입니다. 한 가지 목표를 향해 진지하고 끊임없이 노력하게 함으로써 아이의 풍부한 감성을 살려주세요.

B 근심이 많은 '손해 회피 타입'

행동 제동기, 뇌의 안전장치라고 하는 세로토닌 신경계의 활동이 지나치게 강하거나, 반대로 너무 약해서 안정을 선호하고 위험을 싫어하는, 견실한 사고방식의 근심형입니다. 일본인에게 많은 타입이죠. 친숙한 환경이나 사람을 좋아하므로 잘 아는 분야에서는 제 실력을 발휘하지만, 새롭게 개척하는 일은 서툽니다. 자신을 이해하지 못하는 사람이나 환경은 스트레스가 되죠. 지나치게 위험을 회피하려는 나머지, 어떤 일을 하고 싶다는 기분이 들다가도 금세 하기 싫어져 결국 아무것도 못 하는 경우가 적지 않습니다.

이 타입의 아이는 기본적으로 습관적 공부를 싫어하지 않습니다.

단, '매일 차근차근' 쌓아올리기는 되는 반면, 한 번 예정에 차질이 생기면 '에이, 됐어!' 하고 단번에 의욕이 꺾일 가능성도 있습니다. 손해회피 타입의 의욕을 조절하려면 공부 일정에 큰 차질이 생기지 않도록 해야 합니다. 예상치 못한 일에도 어느 정도 대응할 수 있도록 공부 일정에 여유를 갖게 하세요.

의욕이 떨어졌을 때는 아예 2~3일 쉬는 편이 결과적으로 효율이 올라갑니다. 그럴 때는 "좀 쉬지 그러니?"라고 하기보다는 "주말까지는 슬슬 하고 다음 주부터 다시 열심히 해보렴!"과 같은 말이 좋습니다. 이 타입의 아이들은 원래 규칙에 따른 바른 생활을 하기 때문에 일정을 늘 재확인하게 해야 일정 변경을 하기 쉽습니다. 또 습관적인 일을 좋아하므로 문제집 한 권을 여러 번 풀이하는 편이 좋습니다.

C 인정받고 싶다는 욕구가 강한 '보상 의존 타입'

항상 친구들과 와자지껄 어울리는 걸 좋아하는 다정한 응석꾸러기로 뭐든지 남에게 상의하기 때문에 자기 이야기에 귀 기울여주는 사람을 좋아합니다. '보상 의존'에서 보상이란, 주위사람에게 인정받고 있다는 실감입니다. 이런 느낌이 없으면 불안해 하다가 인정받지 못한다고 느끼는 순간 한 번에 무너집니다. 반대로 자신을 인정해주는 사람 앞에서는 마음껏 제 실력을 발휘하죠.

이러한 뇌 습관이 있는 이유는 뇌의 각성 수준을 결정하는 노르아드레날린의 활동이 쉽게 변하기 때문입니다. 그래서 기분 변화가 심하고, 노르아드레날린이 급격히 증가하면 강한 긴장과 분노로 이어지기 때문에 어떤 계기로 갑자기 폭발하기도 합니다.

인정받고 싶다는 욕구는 공부에서도 마찬가지입니다. "참 잘했어!" "대단하네!" "어머, 기특해라!" 보상 의존 타입의 아이는 이런 칭찬을 기대합니다. 하지만 학교에서는 성적이 엇비슷한 친구들 사이에서 칭찬받을 일이 좀처럼 없죠. 이때가 부모가 나서야 할 차례입니다. 집에서 하는 공부뿐 아니라 그날 학교에서 한 공부에 대해서도 "오늘도 열심히 했네!"라고 칭찬해주세요. 칭찬하는 방식의 기본은 우선 잽 연타(작은 칭찬 여러 번), 그리고 히트 앤 어웨이(크게 한 번 칭찬하고 잊어버리기)입니다.

또 아이를 학원에 보내는 경우, 학원 친구들과의 관계에 금이 가 '날 인정해주지 않는다'는 생각이 들면 회복 불능에 빠질 위험이 있습니다. 학원에서 돌아온 아이의 모습을 잘 관찰해보세요. 이상하다 싶으면 아이와 대화를 나눠보고 학원을 바꾸는 것도 하나의 방법입니다.

D 지기 싫어하고 고집이 센 '완벽주의 타입'

무슨 일이든 완전, 완벽을 추구하는 타입입니다. 무언가를 시작하면 맹렬하게 돌진해서 완벽하게 끝내야 직성이 풀리죠. 또 매사 흑백을 가리려 들어 '꼭 그렇게 해야만 해!'라는 사고방식을 취하는 경향이 있습니다. 모든 일에 자신만만한 사람이라면 문제가 없지만, 이상의 나와 현실의 나 사이에서 느끼는 괴리감을 못 견디기 때문에 자신에 대한 평가가 눈에 띄게 낮습니다.

이 타입의 아이는 한 과목 한 과목 제대로 공부하기를 좋아합니다. 여러 가지를 한꺼번에 하면 스트레스를 받기 때문에 공부를 시작하기 전에 먼저 우선순위를 매겨두는 편이 좋습니다. 또 확실하게 하고 있다는 기분을 느끼는 일이 중요합니다. 공부한 성과를 눈으로 확인할 수 있도록 노트를 한 권 준비합니다. 그 노트에 '오늘 한 공부'를 적고 그 평가란에 동그라미를 치는 습관을 들이게 하세요. 그러면 아이는 공부한 성과를 직접 확인하면서 긍정적으로 받아들이게 됩니다.

학교를 고를 때도 기질을 바탕으로 한 아이의 뇌 습관을 고려해야 합니다. 특히 대학은 입지 여건이나 교풍에 따라 분위기가 꽤 다릅니다. 또 전국 각지에서 온 학생들이 모이기 때문에 초·중·고등학교 때보다 인간관계가 복잡해지기 쉽죠.

새로운 만남 속에서 실력을 발휘하는 타입, 익숙한 환경에서 실력을 잘 발휘하는 타입, 개방적이고 견실한 교풍에 어울리는 타입 등등, 아이의 기질을 충분히 고려한 후 학교를 선택하는 것이 바람직합니다. 체험 입학이나 학교 축제처럼 대학 분위기를 경험할 수 있는 기회가 있다면 아이와 함께 적극적으로 참가해보는 것도 좋습니다.

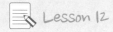

Lesson 12

어려운 문제입니다만, 자녀의 기질에 맞는 진로 방향에 대해 고민해
보고 글로 적어보세요.

아이의 실력은
뇌 환경이 좌우한다

아이의 실력은 뇌 환경에 좌우됩니다. 학습에 관여하는 '지성'을 관장
하는 부분은 전두연합영역입니다. 사고, 창조, 판단 등 고차원적인 정
신 활동을 하는 곳이죠. 따라서 전두연합영역이 견고하면 학력이 좋
아질 가능성이 큽니다. 이런 이야기를 하면 '임계기^{臨界期}'설을 꺼내며 걱
정하는 부모가 있습니다.

임계기란 평생에 단 한 번 찾아온다는 결정적 시기를 말합니다. 발
달 과정에서 어떤 시기에 적절한 자극을 주면 그 시기에 한하여 반응
이 확립, 이후의 발달에 유리하게 작용하는 시기로 발달에서 가장 중
요한 시기입니다.

"임계기인 8~10세 무렵 까지는 '지(知性)' '정(感情)' '의(意志)'의 기초
를 길러두자"라는 이야기를 어디선가 듣고는 우리 애는 이미 늦었다면

서 실망하는 분들이 있는데, 임계기가 빠르고 짧은 것은 시각과 청각과 같은 '지각知覺'의 특징입니다. 이에 비해 '지성'을 관장하는 전두연합영역은 8~10세쯤에 대개 완성되어 24~25세까지 계속 성장합니다. 60세쯤부터 두터워진다는 보고도 있죠.

학습에서 중요한 전두연합영역은 천천히 성장합니다. 다른 부분과는 시간의 척도가 완전히 다르죠. 따라서 '나중 성장'을 충분히 기대할 수 있습니다. 그 '나중 성장'을 뒷받침하는 요소의 하나가 환경입니다. 그것도 가정환경 이외의 환경이죠.

뇌 자체도 그렇지만 특히 전두연합영역에는 가소성可塑性이라고 해서, 어떤 환경에도 적응할 수 있는 뇌의 성질이 있습니다. 바꿔 말하면, 이 부위는 환경의 영향을 받기 쉬워서 주위 환경에 따라 얼마든지 변화할 수 있는 곳이라는 뜻입니다. 전두연합영역이 잘 활동할 만한 환경을 만들어주는 일은 아이의 실력을 키우는 아주 중요한 열쇠입니다.

워킹메모리가
학력을 결정한다

전두연합영역은 앞에서 잠깐 나온 '워킹메모리(뇌의 메모장)'를 제어합니다. 워킹메모리는 '학력의 기초'뿐 아니라 기억력과도 큰 관련이 있습니다. 아이가 자신의 워킹메모리를 제대로 사용하는지에 따라 학력도 향상되죠. 우선 여러분이 먼저 워킹메모리란 무엇인지를 실감해보기 바랍니다. 자, 다음 문제에 도전해보세요.

1. 다음 단어들을 10초간 보면서 기억합니다. 10초가 지나면 손으로 가려주세요.

전화   원숭이   의자   사과

2. 100에서 7을 뺀 뒤 그 답에서 다시 7을 빼고, 또 그 답에서 7을 빼 주세요. 한 번 계산할 때마다 답을 말합니다.

3. 문제 1에서 기억한 네 가지 단어를 말해보세요. 문제를 풀 때의 자신의 뇌를 떠올려 그 움직임을 상상해보세요.

1번에서 네 가지 단어를 기억하기 위해 뇌에 메모한다.

↓

2번에서 다른 메모지를 사용해 계산한다.
우선 100에서 7을 뺀 '93'을 메모한다.
그리고 다음 계산의 답 '86'이 나오면 '93'이란 메모는 불필요해진다.

↓

3번에서 처음 메모를 다시 보며 네 가지 단어를 생각해낸다.

분명히 우리 뇌 속에서는 이러한 작업이 이뤄지고 있을 것입니다. 이

작업에서 사용된 메모장(일시적 기억)이라는 지적知的인 작업이 '워킹메모리'입니다. 기억하고 계산하고 다시 기억을 불러냅니다. 문제 1~3까지 푸는 동안 여러분은 워킹메모리를 다중으로 사용한 것이죠.

워킹메모리를 다중으로 사용하지 못하면 한 번에 여러 가지의 지적 작업을 해내기가 힘듭니다. '수학 문제를 읽으면서 내용을 이해한 뒤, 공식을 떠올려 그 공식으로 계산을 하고, 계산해서 나온 답이 맞는지 검토한다.' 이러한 일련의 작업이 가능한 것이 바로 워킹메모리의 힘입니다. 그 힘이 발휘되지 않으면 중간에 머리가 꽉 차서 자기가 지금 무엇을 하고 있는지조차 모르는 상태에 빠지게 됩니다.

 Lesson 13

어려운 문제입니다. 자녀가 공부를 하다 막혔을 때를 한번 떠올려보세요. 그때 아이의 워킹메모리는 어떤 상태에서 막혀버렸을까요? 그리고 어떻게 하면 다시 원활하게 움직일 수 있을까요? 아이의 특징과 상황에 맞게 적어보세요.

_____

_____

_____

학교는
워킹메모리 양성소

워킹메모리를 능숙하게 사용하려면, 즉 머리를 다중으로 쓰려면 생각과 마음을 제어하는 힘이 반드시 필요합니다. 그렇다고 생각과 마음을 제어하기 위한 특별한 훈련이 따로 필요한 것은 아닙니다.

- 단어나 한자를 외운다.
- 방정식 문제를 푼다.
- 문장을 읽는다.
- 친구와 커뮤니케이션을 한다.

모두 워킹메모리의 힘이 발달해야만 가능한 일들입니다. 대화의 내용과 흐름을 뇌에 메모하며 듣고, 상대가 하고 싶은 말을 이해할 수 있는 것이 워킹메모리의 힘입니다. 국어, 영어, 수학 같은 과목뿐만이 아닙니다. 요리나 바느질(가정), 그림 그리기(미술), 물건 만들기(기술) 같은 행위도 전두연합영역을 활성화시킵니다. 음악도 곡을 듣고 재현하려고 하면 워킹메모리가 작동합니다. 체육도 조금 힘든 동작을 하면 전두연합영역이 활발히 움직이죠.

한마디로 학교라는 곳 자체가 워킹메모리 양성소인 셈입니다. 전두연합영역이 20대 중반까지 계속 성장한다는 사실을 고려하면, 학교야말로 뇌를 단련하는 최적의 장소죠. 그러니 부디 아이가 씩씩하게 학교에 다닐 수 있도록 해주세요.

아침에 일어나면 기분 좋게 "잘 잤니?"라는 인사를 건네고, 웃는 얼굴로 학교에 보내고, 아이가 집에 오면 따뜻하게 "잘 다녀왔니?"라고 인사하며 맞이해주세요. 사소한 일이라고 생각할지 모르겠지만, '학교는 재미없다'고 느끼는 아이는 워킹메모리를 단련할 기회를 조금씩 놓치고 있습니다. 아이의 '나중 성장'을 위해서도 아이가 씩씩하게 학교에 다닐 수 있는 바람직한 환경을 부모가 먼저 마련해주세요.

공부는
뇌의 균형이 중요하다 ✎

전두연합영역은 '지성'을 관장한다고 설명했습니다. 더 자세하게 분류하면, 사고와 판단을 담당하는 '지知', 타인의 기분을 이해하고 감정을 담당하는 '정情', 흥미와 의욕을 담당하는 '의意' 이 세 가지로 나뉩니다. 이들을 합해 '지·정·의知情意'라고 하죠.

회사로 치면 지知는 기획부, 정情은 영업부, 의意는 총무부에 해당합니다. 아무리 우수한 영업사원이라도 조악한 상품이나 서비스밖에 기획할 수 없는 회사에서는 제 실력을 발휘할 수 없습니다. 영업사원과 상품이 아무리 뛰어나도 총무부가 매사 적당주의라 사내 환경이 엉망이면 일할 의욕이 나지 않겠죠? 이 세 부분이 적절하게 기능해야 비로소 회사가 잘 돌아가듯이, 뇌를 단련할 때도 마찬가지로 균형이 중요합니다.

공부머리를 만들기 위해 자칫 지력에만 치중하기 쉽지만, 의욕이 떨어지면 지력도 함께 떨어집니다. 지력과 의욕이 있어도 다른 사람의 기분을 제대로 이해하지 못한다면 사회에 나가 함께 일하는 동료들과 원만하게 지낼 수 없을 것입니다.

좀 더 쉬운 예를 들어볼까요? 지·정·의로 이루어진 물통이 있습니다. 물통에 물을 최대한 많이 채우려면 어떻게 해야 할까요? 당장 눈앞에 성적을 생각한다면 무엇보다 지력에 집중하고 싶으실 겁니다. 그러나 그림이 보여주듯이 지력만 집중적으로 발달한다고 해서 해결되지 않습니다. 지력이 아무리 높이 올라가도 정情이나 의意가 낮으면 딱 그만큼만 물이 채워질 테니까요.

특히 공부에 빠지기 쉬운 아이는 지력만 유독 발달하는 경향이 있습니다. '아이가 공부만 한다면야 일단 안심!'이라고 여기겠지만 그것은 잘못된 생각입니다. 공부에 빠져 있기는 해도 전두연합영역이 균형 있게 활성화되지 않은 상태니까요. 지력을 발달시키려면 정情과 의意도 필요합니다. '지·정·의'가 균형 있게 발달해야만 진정한 학력입니다.

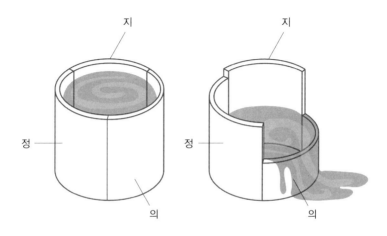

> 전두연합영역은 사고와 판단을 담당하는 지知, 타인의 기분을 이해하고
> 감정을 담당하는 정情, 흥미와 의욕을 담당하는 의意 이 세 가지로
> 나뉩니다. 위 그림처럼 지력이 아무리 높아도 정이나 의가 낮으면 딱
> 그만큼만 물이 채워지죠. 진정한 학력은 지·정·의의
> 균형 있는 발달에서 나옵니다.

마주보고 웃으며 이야기하면
학습뇌가 단련된다 ✎

사람의 마음은 시시각각 변합니다. 그 변화를 계속 처리해서 기억하는 일이 타인의 마음을 이해하는 기초가 됩니다. 따라서 '정情'을 단련하는 첫 번째 방법은 얼굴을 마주한 커뮤니케이션입니다.

뇌 활동을 조사하는 실험에서, 전화나 문자로 이야기하기보다는 실제로 만나서 이야기를 하는 편이 전두연합영역이 활성화된다는 결과가 나왔습니다. '사람과 만나 이야기하는 것이 즐겁다고 느낀다. 아름다운 경치나 신기한 것에 감동한다.' 이러한 경험들이 전두연합영역을 활성화시켜 아이의 '정情'을 기릅니다.

'정情'을 단련하는 것은 워킹메모리 발달에도 도움이 됩니다. 최근에는 지적 활동뿐 아니라 타인과 커뮤니케이션을 할 때도 워킹메모리를 많이 사용한다는 사실이 자주 거론되고 있습니다. 자신이 알고 있는 사실을 일방적으로 이야기할 뿐이라면 메모지 한 장으로 충분합니다. 하지만 회의 같은 자리에서는 여러 장의 메모가 필요합니다.

- 'A는 이렇게 생각할지도 몰라!' → A용 메모
- 'B는 어떻게 생각할까?' → B용 메모
- '자, 난 이렇게 말해야지!' → 자신용 메모

여러 장의 메모를 실시간으로 붙였다 뗐다 하는 능력이 없으면, 쌍 방향 커뮤니케이션이 성립하지 않아 타인의 기분과 자신의 기분을 병행해서 처리하기가 힘듭니다. 그럴 경우 주위에서는 '저 사람은 자기 생각만 해!' '너무 자기중심적이야!'라는 시선을 보낼지도 모릅니다. 그러면 더더욱 다른 사람의 기분을 모니터하는 것이 귀찮아지겠죠.

아이가 친구와 커뮤니케이션을 잘 하지 못한다면 적어도 집에서는 부모가 적극적으로 아이에게 말을 건네주세요. 그때 아이의 전두연합 영역이 활성화되는 모습을 상상하며 방긋 웃는 얼굴로 이야기하는 것도 잊지 마세요. 뇌는 동조합니다. 이것이 바로 미러 뉴런이죠.

부모가 웃는 얼굴로 말을 건네면 아이의 뇌도 싱글벙글거립니다. 그러한 행동을 꾸준히 반복하는 동안 아이의 뇌는 싱글벙글 웃으며 학습합니다. 웃는 얼굴을 보고 불쾌하게 여길 사람은 아무도 없습니다. 웃는 얼굴로 나누는 대화를 아이가 '즐겁다'고 느끼게 되면 친구에게도, 주변 사람들에게도 자연스럽게 웃는 얼굴로 대하게 됩니다.

📝✎ Lesson 14

자녀가 싱글벙글할 만한 화제는 뭘까요?
자녀가 흥미를 가질 만한 화제를 세 가지 적어보세요.

1. _____

2. _____

3. _____

시험 점수를 올리는
메타인지력 ✎

흥미와 의욕은 성취감을 느낄수록 배로 증가합니다. 성취감을 얻으려면 목표를 설정해야 합니다. 그 목표는 되도록 높게 세워주세요. 출산율 저하가 진행될 미래 사회에서는 아이들 한 사람 한 사람이 가치 있는 존재가 되어야 합니다. 그러니 인생의 목표를 되도록 높게 세우길 바랍니다.

아이에게 목적의식을 갖게 하는 열쇠는 자신의 행동과 인식을 한 단계 위에서 객관적으로 바라보는 '메타인지metacognition(상위 인지)력', 스스로 자신을 모니터하는 힘에 있습니다. 이 '관망하는 힘'과 '결합하는 힘'인 메타인지력이 있을 때 아이는 자신의 학습 상황을 객관적으로 볼 수 있고, 자기 생각에 대해 비판적으로 사고할 수 있습니다.

메타인지력이 있으면 '나는 왜 공부를 해야 하는가? 지금 나에게 부족한 과목은 무엇인가?'와 같이 자신의 학습을 전반적으로 점검할 수 있습니다. 시험에서 좋은 점수를 받을 수 있을 뿐 아니라 점수를 잘 받기 위해 어떤 공부를 하면 좋은지 그 구조까지도 볼 수 있습니다.

메타인지력은 지금까지의 경험이나 인식으로는 해결되지 않는 풀기 어려운 문제에 직면했을 때 단련됩니다. 난해한 문제를 스스로 묻고 답하면서 해결해가는 과정 자체가 메타인지를 키우는 훈련입니다. 어른에게도 어려운 일이긴 합니다. 그러나 목적의식을 높은 곳에 둠으로써 아이의 메타인지력이 성장하면 흥미와 의욕도 함께 높아집니다.

 Lesson 15

상상해보세요. 자녀의 머릿속에 A·B·C 세 개의 정보가 있다고 합시다. 지금은 정보 하나하나가 별개의 정보지만, A와B, A와C, B와C 또는 A와 B와 C 하는 식으로 정보끼리 결합한다면 어떻게 될까요? 틀림없이 새로운 발상이나 아이디어가 탄생할 겁니다. 자녀의 머릿속에서 정보의 결합으로 새로운 아이디어가 반짝이는 모습을 상상해보세요.

3장

집중력과 의욕이

성적을 좌우한다

뇌과학에서 찾은 집중력과 의욕을 높이는 노하우

우리 아이
집중력 알아보기 ✎

〈마이비전〉이라는 청소년 잡지에서 설문을 실시한 적이 있었습니다. 많은 수의 청소년들에게 되도록이면 하고 싶지 않은 '내키지 않는 일'에 대해 물었더니, 당당하게 1위를 차지한 것이 바로 '공부'였습니다.

> "예습, 복습하느라 공부할 시간이 없어요."
> "도저히 수업 진도를 못 따라가겠어요."
> "아무리 공부를 해도 성적이 안 올라요."

이 설문 결과를 보니, 공부에 집중은 하고 싶은데 좀처럼 할 마음이 안

나는 아이들이 적지 않은가 봅니다. 여러분의 자녀는 어떤가요? 혼자 공부할 때는 고사하고, 학교 수업 중에도 의욕이 안 생겨서 집중하지 못하고 힘들어하지는 않던가요? 아이가 수업에 집중하지 못하는 가장 큰 이유는 머리가 제대로 움직이지 않기 때문입니다. 즉, 뇌가 '공부하자!' 하는, 학습에 최적화된 상태가 아니라는 뜻입니다.

Lesson 16

자녀를 떠올려보세요. 그리고 다음 항목을 체크해보세요.
체크 항목이 많을수록 수업시간에 집중력이 낮을 가능성이 있습니다.

● **학습 집중력 체크리스트**

☐ 수업 중에 멍하니 있을 때가 많다.

☐ 숙제는 발등에 불이 떨어져야 한다.

☐ 공책이나 교과서에 무심코 낙서를 한다.

☐ 자주 '재미없어!' '따분해!'라고 생각한다.

☐ 아침밥을 거르고 학교에 가는 일이 많다.

☐ 사소한 잡음에도 금세 집중력이 흐트러진다.

☐ 공부방이나 책상, 가방 안 따위가 어질러져 있다.

☐ 싸우거나 야단을 맞으면 감정의 앙금이 오래 간다.

☐ 교과서를 읽어도 내용이 머릿속에 들어오지 않는다.

☐ 휴대폰 문자를 확인하고 싶어 수업에 집중이 안 된다.

☐ 수업시간에 모르는 게 있으면 자꾸 그 부분에만 신경이 쓰인다.

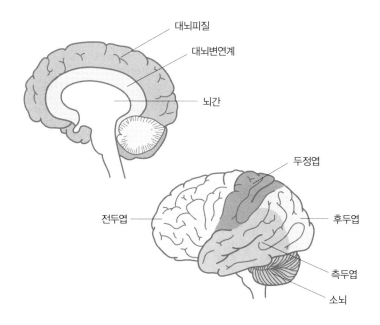

뇌의 3층 구조와 대뇌피질의 구조

대뇌피질

대뇌변연계

뇌간

두정엽

전두엽

후두엽

측두엽

소뇌

" 뇌는 생명 유지에 필요한 뇌간, 감정과 욕구를 주관하는 대뇌변연계,
사고하고 판단하는 대뇌피질의 3층 구조로 되어 있습니다. 대뇌피질의 1/3을
차지하는 것이 전두엽인데, 특히 전두엽 안쪽 부분은 주의를 지속하게 하고
과도한 집중과 감정을 억제하여 의욕을 조절하지요. 따라서 이 부분을
활성화하는 것이 집중력을 올리는 결정적인 방법입니다. "

인간의 뇌는 3층 구조로 되어 있습니다. 호흡이나 체온조절 등 근본적으로 생명을 유지하는 데 필요한 뇌간, 기쁨·슬픔, 분노 등 감정과 욕구를 주관하는 대뇌변연계, 사고와 판단을 비롯해 감정과 충동을 조절하는 대뇌피질로 되어 있습니다. 우리 뇌에서 집중력을 유지하는 데 관여하는 부분은 대뇌피질의 3분의 1을 차지하는 전두엽입니다. 특히 전두엽 안쪽 부분은 주의를 지속하게 하고, 과도한 집중과 감정을 억제하여 의욕을 조절합니다. 따라서 이 부분을 활성화하는 것이 집중력을 올리는 결정적인 방법입니다. 전두엽은 20대 후반까지 성장하는데, 특히 중·고등학생 무렵에 발달이 활발해집니다.

기상 후 15분이
의욕을 판가름한다 ✏

뇌를 깨워 그날 하루의 의욕을 불러내려면, 눈을 뜬 뒤 15분 동안의 행동이 중요합니다. 자녀가 일어나기 30분 전에 방안 커튼을 열어 아침 햇살을 쬐게 하세요. 뇌가 활기차게 움직입니다. 아침 해를 바라봐도 같은 효과를 볼 수 있습니다.

우리 뇌를 활성화하는 호르몬은 적당한 자극으로도 잘 분비됩니다. 가벼운 스트레칭이라도 해주면 이상적입니다. 이불 속에서 손발을 천천히 오므렸다 펴거나, 크게 기지개를 켜기만 해도 뇌를 활기차게 하는 훌륭한 방법입니다. 이제부터는 이부자리에서 일어나기 전에 손발을 천천히 오므렸다 펴기를 해보세요. 손가락을 구부리며 주먹을 쥐었다, 손가락을 펴며 손바닥까지 활짝 펼쳐보세요. 손발을 동시에 하면 더 효과적입니다. 마지막에는 크게 기지개를 켜주세요!

또 얼굴 신경은 노르아드레날린계와 세로토닌계의 출발지점이기도 한 뇌간 망양체(그물체, 신경 세포와 신경 섬유 집단으로 혈압을 조절하고 의식이나 주의력을 유지하는 데 중요한 역할)와 직결되어 있습니다. 천천히, 꼼꼼하게 시간을 들여 얼굴을 움직이는 일도 뇌를 깨우는 데 도움이 되죠. 세수한 뒤 거울을 보고 생긋 웃으며 얼굴 근육을 움직여보세요. 지금껏 아무 생각 없이 하던 하루일과를 공을 들여 해보세요.

나중에 다시 설명하겠지만, 무슨 일이든 그냥 할 때보다 정성을 기울이면 뇌가 더 활성화됩니다. 이렇게 아침부터 호르몬 분비가 잘 되면 하루 종일 머리가 원활히 움직일 수 있는 것이죠.

아침밥은
집중력의 밑천

아침밥은 하루 집중력의 밑천입니다. 뇌 활동에 필수적인 포도당은 식사 후 12시간이 지나면 대부분 소모됩니다. 따라서 아침을 거르면 전날 식사에서 얻은 영양분만으로 뇌가 활동하게 되는데, 우리 뇌는 수면 중에도 활동을 하기 때문에 아침에 일어났을 때는 에너지가 거의 바닥 난 상태입니다. 따라서 아침밥을 먹지 않고 학교에 가게 되면 포도당을 공급받지 못한 뇌는 에너지 부족으로 정상적인 활동이 어려워집니다. 집중력이 떨어지고 지적 활동도 둔해질 수밖에 없는 것이죠.

아침밥은 뇌를 활성화시키는 역할을 합니다. 아침밥을 먹으면 지정의 중에서도 지와 정에 관여하는 부분의 활동이 활발해집니다. 주의력, 집중력 등이 높아져 머리가 잘 돌아갈 뿐 아니라 이런저런 불필요한 감정을 억제해 수업에 집중이 잘 되게 하는 것이죠.

밥을 먹으면서 어금니로 음식물을 씹는데, 이러한 저작운동은 뇌신경을 타고 올라가 뇌의 활동을 자극합니다. 식사할 때 '꼭꼭 잘 씹는' 리듬운동으로도 뇌를 자극해 세로토닌계가 활발해집니다. 실험을 통해서도 아침밥을 먹은 학생들이 수업에 더 적극적으로 참여하고 학업 성취도가 높은 것으로 나타났습니다. 아무튼 아침밥은 거르지 않는 것이 중요합니다!

집중력을 높이는 음식으로는 콩, 해조류, 참깨, 생선, 채소, 버섯, 감자류 등이 있습니다. 한식이라면 현미밥에 미역국, 생선 구이, 김, 시금치 무침 정도가 좋습니다. 양식을 선호한다면 통밀 빵에 버섯 스프, 베이컨, 흰 살 생선 소테^saute(고기나 생선 살을 버터를 녹인 프라이팬이나 철

판에 굽는 프랑스 요리), 참깨 드레싱 샐러드 정도가 좋겠죠.

Lesson 17

내일 아침밥 식단을 적어보세요. _____

모레 아침밥 식단도 적어봅니다. _____

안구운동은
잡념을 없앤다 ✎

'수업 중에 자기도 모르게 멍해진다' '숙제를 하다보면 졸린다'는 아이에게는 '안구운동'을 가르쳐주세요. 집중력은 안구 조절과 밀접한 관련이 있습니다. 집중력이란 '안구를 어떻게 움직이는가'를 뜻하며, 극단적으로 말하면 시선을 어느 한 지점에 고정시키는 행위입니다.

시선을 고정시킨다는 것은 단순히 안구를 고정시키는 일이 아닙니다. 집중해서 어느 한 점을 응시할 경우, 머릿속 잡념을 없애기 위해 안구를 움직일 필요가 있습니다. 이러한 미묘한 안구 조절에 깊이 관여하는 부위가 전두엽의 안구운동 영역으로, 이곳은 능동적으로 주의

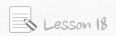
Lesson 18

눈동자를 빙글빙글 돌리는 안구운동을 해봅시다.
부모님이 먼저 그 효과를 실감해보세요.

① 공책, 책상, 칠판 등 네모난 사물의 정중앙을 바라봅니다.
② 네 귀퉁이의 한쪽 끝에서부터 순서대로 숫자를 붙입니다.
③ 머리는 움직이지 말고 눈동자만 움직여 네 귀퉁이를 1, 2, 3,
   4……하고 왼쪽(반시계 방향)으로 천천히 두 바퀴 돌면서 응시합
   니다.
④ 다음은 오른쪽(시계 방향)으로 두 바퀴 돌면서 응시합니다.
⑤ 다 끝나면 '후~' 하고 깊고 길게 숨을 내쉽니다.

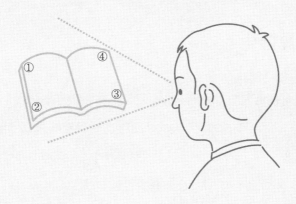

를 기울일 때 활성화됩니다. 따라서 안구를 움직임으로써 전두엽의 안구운동 영역을 활성화시켜 '보는' 메커니즘을 이용해 집중력을 높이는 방법도 있습니다.

안구운동의 목적은 머릿속의 잡념을 지우는 것입니다. 또한 다음 동작에 들어가기 위한 '집중 의식'이기도 합니다. 어떤 행동을 그만두려면 다른 행동을 하는 것이 가장 좋은데, 그 다른 행동이 공부라면 가장 이상적일 것입니다. 하지만 그게 쉽지 않으니 아이는 고민스러울 수밖에 없습니다. 이런 문제를 해결하는 방법 가운데 하나가 그 순간 가장 의미 없는 일을 해보는 것입니다. 안구운동도 그 중 하나입니다.

'집중 의식'
습관 들이기

'집중 의식'은 공부머리(뇌)를 만들 때도 도움이 됩니다. 공부에 빠지기 위해서는 의식이 필요하다고 앞에서 설명했죠? 그것이 '집중 의식'입니다. 인간은 원래 갑자기 무언가를 시작하기가 힘듭니다. 특히 '내키지 않는 일' 1위인 공부를 갑자기 하려 든다면 그게 오히려 부자연스럽죠. 이때 '집중 의식'을 활용하면 공부를 시작하기가 훨씬 수월해집니다. 집중 의식을 습관화하면 공부를 시작하는 방식에 익숙해지면서 신두렵이 진정되고 치유되어 '기다릴 수 있는 상태'를 만들 수 있습니다. 공부를 시작하는 일에 '치유의 쾌감'을 포함시킬 수 있는 셈이죠. 그렇게 안정된 상태에서 공부를 시작하면 공부로 인한 흥분이 발생해 '의욕 회로'의 중심인 선조체의 스위치가 켜집니다. 의욕 스위치가 켜지면 의욕을 지속하기도 편리하죠. 따라서 익숙하고 습관화된 동작인 '집중 의식'이 중요합니다. 그렇다고 집중 의식이 딱히 형태가 정해져 있는 것은 아닙니다. 아이가 공부를 하려고 할 때 스스로 할 수 있는 것이라면 무엇이든 상관없습니다. 간단한 예를 몇 가지 들어보죠.

학교에서 해볼 수 있는 집중 의식

- 공책에 '시작!'이라고 쓴다.
- 샤프펜슬 끝에 의식을 집중해 10초 동안 응시한다.
- 책상에 교과서, 공책, 필기도구 등의 위치를 정해 수업 시작 전에 제 위치에 놓는다.

집에서 해볼 수 있는 집중 의식

- 심호흡을 한다.
- 가벼운 체조를 한다.
- 좋아하는 시를 낭송한다.
- 앞으로 공부할 것을 종이에 적는다.

- '오늘도 열심히 하자!'고 소리 내어 선언한다.

이처럼 스스로 습관화한 동작이라면 뭐든지 좋습니다. 단, 집중 의식
은 정성껏 하는 것이 중요합니다. 동작만 건성으로 하는 것이 아니라
마음이 준비되어야 합니다. 마음을 담아야 뇌가 활성화되기 때문입
니다.

'평소처럼 양배추를 씹을 때'와 '정성 들여 양배추를 씹을 때'의 뇌
활동을 비교해본 적이 있습니다. '정성을 들였을 때' 전두엽이 더 활성
화되는 것을 볼 수 있었습니다. 양배추를 씹는 것뿐만이 아닙니다. 청
소나 빨래를 하든, 가계부를 쓰거나 단순한 사무작업을 하든 뭐든지
정성을 들여야 뇌가 활성화됩니다.

도미노 게임을 떠올려보세요. 많을 때는 몇 백 개나 되는 도미노를
같은 간격으로 세워야 하는 도미노 게임은 세심하게 주의를 기울이지
않으면 한순간에 다 망쳐버립니다. 그 집중력을 생각해보면 뇌의 활성
화와 정성을 기울이는 일의 관계를 이해할 수 있죠.

무언가를 반복해서 할 때는 처음에 정성을 들여야 뇌가 강하게 활
성화되어 빨리 차분해집니다. 그 행위가 아이의 '기다리는 마음'의 준
비도 앞당깁니다. 적당히 대충 한다면 익숙해질 때까지 시간이 걸려
뇌가 자동화를 학습하지 못합니다. 아이의 공부 의욕을 불러일으키고
싶다면 '집중 의식'을 할 때 정성을 기울이게 하세요.

자녀에게 다음과 같은 질문을 해보세요.

"최근에 언제 가장 공부에 집중할 수 있었니?"
"그때 왜 집중이 잘 됐을까?"
"그때 주위 환경은 어땠어?

아이가 또렷하게 답을 못 할 수도 있습니다. 그렇더라도 일단 질문해서
스스로 생각하게 하는 것만으로도 충분히 의미가 있습니다. 만일 아
이가 스스로 집중했던 모습을 생각해낸다면 그 방법을 존중해주세요.
자녀 나름의 '집중 의식'을 만드는 데 큰 도움이 될 것입니다.

집중력을 끌어올리는
암시어 활용하기

집중 의식의 하나로 '암시어'도 한 번 시도해보세요. 암시어는 공부에
집중하기 위한 주문 같은 역할을 합니다. 뇌는 '자신이 한 말'에 맞춰
자신의 상태를 변화시키는 경우가 있습니다. 100퍼센트는 아니지만
말의 힘, 말을 이용한 암시의 힘은 무시하지 못합니다.

암시어로 자신의 상태를 조절하는 방법으로 널리 알려진 것이 '자율훈련법(AT:Autogenes Training)'입니다. 이 훈련법은 독일의 신경정신의학자인 슐츠Schultz 박사가 개발한 것으로, 자기암시를 통해 신체를 편안한 상태로 만들어 마음을 안정시키는 방법입니다. 자율신경을 조절하는 이 방법은 불안, 초조, 분노 등의 감정을 진정시키는 데 효과적입니다.

일본 쓰쿠바대학교와 규슈대학교에서도 신체형장애身體形障碍(심리적 요인이나 갈등으로 생기는 신체장애로 긴장이나 스트레스가 지속되면 발생) 치료법의 하나로 자율훈련법을 실시했습니다. 그 결과 혈압을 낮추고 기분을 개선하는 데 효과가 있었다고 합니다.

우선 의자에 앉거나 바닥에 반듯이 누워서 몸을 편안하게 합니다. 눈을 감고 호흡을 가다듬으며 '마음이 편안하다'라고 마음속으로 천천히 반복합니다. 그리고 '오른손이 무겁다' '왼손이 무겁다' '오른손이 따뜻하다' '왼손이 따뜻하다'와 같은 일정한 말을 되풀이합니다. 순서를 정해 이 훈련을 하면 거의 모든 사람이 실제로 손이 따뜻하다거나 무겁다고 느낍니다. 따뜻하다고 느낄 때 서모그래피thermography(몸 표면 온도를 측정해 화면으로 분석, 진단하는 장치)로 보면 손이 빨갛게 변해 있습니다. 실제로 체온이 올라간 것이죠.

'말'과 '감정'에 관한 다른 실험도 있습니다. 실험 참가자들이 실험실로 안내되던 도중 여성 조교에게 "제 컵 좀 들고 있어주세요"라는 부탁을 받습니다. 컵에는 따뜻한 커피 또는 차가운 커피가 들어 있습니다. 실험실에서는 어떤 인물에 관한 문장을 읽고, 그 사람의 성격을 평가하는 실험을 실시했습니다. 그러자 실험 전에 따뜻한 커피가 담긴 컵을 들고 있던 사람은 상대의 성격을 '관대하다' '배려심이 있다' '다정하다' 등 따뜻한 성격으로 평가했습니다. 차가운 커피가 담긴 컵을 들고 있던 사람은 상대를 '차가운 사람'이라고 평가하는 경향이 있었죠.

여기서 흥미로운 것은 '저 사람은 따뜻한 사람이야'라고 표현하기만 해도 우리 뇌는 단지 비유가 아니라 진짜 '따뜻하다'라고 받아들인다는 것이죠. 따라서 긍정적인 암시어를 잘 활용하면 실제로 긍정적인 변화를 이끌어낼 수 있습니다.

높은 집중력이 필요한 프로 스포츠선수도 집중 의식으로 암시어를 사용하는 경우가 있습니다. 일본의 유명한 어느 야구 선수는 공을 던지기 전에 공을 향해 일정한 말을 중얼거리는데, 그 말을 통해 평상심을 유지하고 집중력을 끌어올렸을 것입니다.

암시어를 사용할 때의 포인트는 그렇게 되려고 의식하지 않는 것입니다. 자율훈련법에서 '팔을 무겁게 하자' '손바닥을 따뜻하게 하자'처럼 의식해서 하려 들면 잘 되지 않습니다. '이제부터 열심히 공부하자'라는 생각도 버리고 그저 머릿속에서 '팔이 무겁다' '손바닥이 따뜻하다'와 같이 어떤 상태를 그대로 받아들이는 암시어를 되풀이합니다. 그 수동성이 암시 성공률을 높입니다.

 Lesson 20

자녀의 '마음이 차분해지는 말'과 '의욕이 생기는 말'은 뭘까요? 아이에게 물어보세요. 그 말이 아이에게 효과적인 '암시어'가 될지도 모릅니다.

- 마음이 차분해지는 말 :

- 의욕이 생기는 말 :

집에서 공부할 때
아이들은 장소에 빠진다

수업시간 집중하는 것만큼이나 가정학습도 중요합니다. 집에서 공부할 때 자녀의 집중도는 어떤가요? 집은 학교에 비해 주의가 산만해질 요소가 많습니다. TV, 게임기, 컴퓨터, 휴대폰 등등 스스로 시간 관리를 하지 않으면 공부할 시간을 금방 다른 곳에 빼앗기고 말죠. 자녀가 집에서 생활하는 모습을 떠올려 가정학습 집중도를 체크해봅시다.

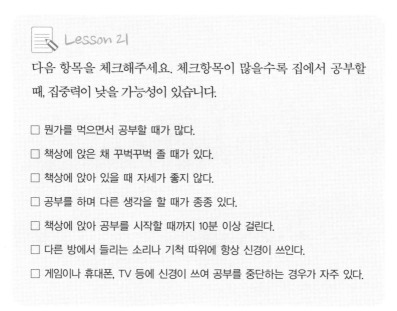

Lesson 21

다음 항목을 체크해주세요. 체크항목이 많을수록 집에서 공부할 때, 집중력이 낮을 가능성이 있습니다.

□ 뭔가를 먹으면서 공부할 때가 많다.
□ 책상에 앉은 채 꾸벅꾸벅 졸 때가 있다.
□ 책상에 앉아 있을 때 자세가 좋지 않다.
□ 공부를 하며 다른 생각을 할 때가 종종 있다.
□ 책상에 앉아 공부를 시작할 때까지 10분 이상 걸린다.
□ 다른 방에서 들리는 소리나 기척 따위에 항상 신경이 쓰인다.
□ 게임이나 휴대폰, TV 등에 신경이 쓰여 공부를 중단하는 경우가 자주 있다.

예전에 명문 중학교에 합격한 아이의 집을 모델로 한《똑똑한 아이를 키우는 집》이라는 책이 주목을 받은 적이 있습니다. 똑똑한 아이라면 자기 방에서 묵묵히 공부하는 이미지가 떠오르죠. 하지만 방송에서 취재한 명문 중학교 합격생들은 예상과 달리 TV가 켜져 있는 거실이나 가족들이 왁자지껄 떠드는 식탁에서 공부를 하고 있었습니다. 인터뷰에서 한 아이가 "가족이 있는 공간에서 공부하는 게 오히려 집중이 잘 돼요"라고 말하더군요.

'자기 방이 없어서 공부에 집중을 못 한다?' 그 말은 공부에서 도망치고 싶은 아이의 변명입니다. TV 소리나 방 안의 잡음이 집중을 방해하는 경우도 있지만, 아이에 따라서는 잠음 없이 고요한 것보다 적당한 생활 소음이 오히려 집중력을 높이기도 합니다.

우선 공부를 위한 '성역'을 먼저 정하세요. 아이 방의 책상이 될 수도 있고, 거실 탁자나 식탁이 될 수도 있습니다. 그리고 공부할 시간이 되면 아이가 그곳에 가는 습관을 들이는 일부터 시작하세요.

집중력 지속 시간을 활용한
15분 공부법

집중이란 '열심히 하자!'와 같은 능동적 집중과 필요한 정보가 자연히 흘러들어오는 수동적 집중이 균형 잡힌 상태를 말합니다. 더욱이 의욕의 중추까지 움직이고 있다면 이때 뇌 기능도 상승하죠. 하지만 집중력이 지속되는 시간은 의외로 짧습니다. 10분에서 15분 정도입니다.

집중을 방해할 거리가 많은 집에서의 학습 포인트는 '한정된 시간을 어떻게 효율적으로 활용하는가'입니다. 그러기 위해서는 학습 계획표를 만들어두는 것이 효과적이며, 계획을 세우는 타이밍에 비법이 있습니다. 가정학습 계획을 세우기에 가장 좋은 타이밍은 공부가 끝난 뒤입니다. 오늘 공부가 끝난 뒤 내일 계획을 세우는 것이죠.

이 방법의 장점은 우선 그날 공부한 내용을 복습할 수 있다는 점입니다. 오늘 공부한 내용과 아직 다하지 못한 부분을 정리해 내일 계획을 세우게 합니다. 또 오늘 공부의 마무리를 내일 계획 세우기로 잡아두면 오늘의 의욕을 내일까지 유지할 수 있습니다.

계획 세우기의 구체적인 예를 들어보겠습니다. 한 과목에 60~90분을 한도로 자기 나름의 '기승전결' 패턴을 만들어보는 겁니다.

▨ 처음 15분은 워밍업!

책상 앞에 앉는다고 해도 갑자기 집중하기는 어렵습니다. '집중 의식'으로 공부머리를 준비하고, 처음 15분은 전날의 복습을 하는 것이 효율적입니다. '집중 의식'으로 심호흡을 해주면 신선한 산소가 뇌에 도달해 두뇌 회전이 좋아집니다. 공부하다가 졸릴 때도 심호흡을 해주면 머리가 맑아집니다.

▨ 다음 30~60분 동안은 본격적으로 공부!

집중 지속 시간을 고려해 15분 간격으로 공부합니다. 처음 15분은 교과서를 읽고, 다음 15분은 집중적으로 문제집을 풉니다. 15분씩 교과서 읽기와 문제집 풀기를 한 세트로 해서 반복합니다.

▨ 마지막 15분은 휴식 및 계획 세우기

이때 '내일도 열심히 하자!'는 기분을 담는 것이 중요합니다. 기억에는 늘 과거의 냄새나 과거의 색이 맴돌기 마련입니다. 그 기억을 떠올릴 때는 그 냄새나 색도 함께 떠오르죠. 내일 계획을 세울 때는 '내일도 열심히 하자' '내일도 즐겁게 공부하자' '내일도 문제를 술술 잘 풀 것 같아'처럼 밝고 긍정적인 '색'을 칠해두세요. 그러면 내일 계획표를 볼 때마다 그 '색'이 떠올라 왠지 의욕이 샘솟습니다.

반대로 '내일도 공부라니 싫다, 정말!'과 같은 '색'을 칠해두면, 내일 계획표를 보기만 해도 한숨만 푹푹 새어나오겠죠?

우리 뇌는 우리가 칠한 색깔대로 반응합니다. 그러니 공부를 한 후에는 밝고 긍정적인 색으로 마무리하는 것이 중요합니다.

Lesson 22

자녀가 공부 계획을 어떻게 세울지 고민한다면 '기승전결'형을 제안 해보세요. 제안 포인트는 다음과 같습니다.

- 한 과목당 60~90분 배분 : 과목 정하기
- 처음 15분 : 워밍업 – 전날 공부 복습 또는 그날 수업 복습
- 다음 30~45분 : 본격적으로 공부
- 처음 15분 동안 교과서 읽기, 다음 15분은 집중적으로 문제 풀기
- 마지막 15분 : 마무리 – 휴식을 겸해 내일 공부 계획 세우기

장시간 공부는
바람직하지 않다 ✎

문득 시계를 보니 자녀가 2시간이나 공부를 했다! 부모가 보면 기특하다며 칭찬을 해주고 싶겠지만, 뇌 활동의 효율성 차원에서 보면 휴식 없이 장시간 공부하는 것은 바람직하지 않습니다. 뇌가 피곤하면 집중력과 의욕이 사라지고, 뇌 속 물질이 잘 분비되지 않아 정보전달 능력이 떨어집니다. 모처럼 공부를 해도 내용이 머릿속에 안 남는다는 말이죠. 최고조에 달한 집중력을 떨어뜨리지 않기 위해서는 적당한 휴식이 필수입니다.

그래서 '공부 계획표'라는 것이 있지만 시간 관리는 여간 힘든 일이 아닙니다. 이럴 때 시계의 알람 기능을 이용해봅시다. 알람의 역할은 두 가지입니다. 하나는 설정한 시간을 알려줍니다. 또 하나는 알람 소리로 '공부 모드'와 '휴식 모드'를 전환하는 역할도 합니다. 공부로 달아오른 머리를 그대로 둔 채 쉬면, 쉬면서도 공부가 머릿속을 맴돕니다. '할 때는 하고, 쉴 때는 쉰다!' 공부 모드와 휴식 모드를 정확하게 구분해서 전환해줄 때 리듬감이 생깁니다. 이것이 집중력을 유지하는 비결이죠.

휴식시간이 끝날 때도 알람을 해두면 '휴식 모드'를 '공부 모드'로 되돌리는 데 도움이 됩니다. 이는 앞서 소개한 '집중 의식'의 하나로 보면 됩니다. 알람 소리에도 머리가 공부 모드로 전환되지 않을 때는 '안구운동'이 도움이 됩니다.

공부할 때의 자세도 중요합니다. 자세는 뇌의 발달과 밀접하게 관련되어 있기 때문입니다. 등을 곧게 펴고 바른 자세로 앉아서 공부하면 호흡이 편안해지면서 뇌에 산소가 충분히 공급됩니다. 뇌 속의 물질들도 잘 분비되어 뇌 기능 또한 활성화됩니다. 또 바른 자세는 불필요한 몸의 긴장을 풀어주어 집중력을 높이는 데도 아주 좋습니다.

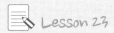

Lesson 23

공부할 때 자녀의 자세를 체크해보세요. 자세가 나쁠 때는 책상과 의자의 높이가 안 맞는 경우가 많습니다.

집중력이 떨어질 때
활용하면 좋은 방법들

다시 말하지만, 뇌가 한 번에 집중할 수 있는 시간은 대략 15분 정도입니다. 특별활동 등으로 집에서 공부할 시간을 내기 힘든 경우에도 15분 동안만 집중할 수 있게 해주면 공부 효율이 올라갑니다. 하지만 그날 컨디션이나 기분에 따라 아이의 집중력이 15분도 지속되지 않는 날이 있습니다. 그럴 때는 다음과 같은 방법을 시도해보세요.

■ 두드리기

초조해서 집중이 안 되거나 공부할 기분이 안 날 때는 몸을 두드려서 자극을 주면 좋습니다. 손바닥을 넓적다리 위에 둡니다. 그리고 넓적다리를 리듬감 있게 두들깁니다. 눈을 감고 심호흡을 하며 두들기면 더 효과적입니다. 이 동작으로 몸에서 뇌로 자극이 전해져 노르아드레날린계가 활성화됩니다. 또 리드미컬한 운동은 세로토닌 신경계도 활발하게 하므로, 집중력을 위한 보조 동작이 되어 수동적인 집중 상태를 쉽게 만들어줍니다.

■ 칸막이로 시야 가리기

시야에서 불필요한 것을 가리면 집중이 잘 되는 경우가 있습니다. 밤이 깊어질수록 집중력이 올라간다거나 도서관처럼 칸막이가 있는 자습실이 좋다는 아이에게는 개인 공부방이나 양옆과 앞쪽을 가리는 칸막이가 있는 환경이 최선입니다.

그런 환경을 만들기가 어렵다면 아이가 공부하는 책상 양옆에 참고서나 공책 따위를 두어 '의식상의 칸막이'를 만드는 방법도 좋습니다. 이도저도 여의치 않다면 응급처치로 사용할 수 있는 방법이 있습니다.

양손을 '⟨' 모양으로 가볍게 구부려 두 눈의 양옆에 두고 집중할 수 있을 때까지 좌우의 시야를 차단하는 것입니다. 경주마의 주의가 흐트러지지 않도록 시야를 차단하는 안대를 씌우는 것과 같은 효과죠.

▫ 색 활용하기

색을 효과적으로 활용해서 집중력을 높일 수도 있습니다. 예를 들어, 노란색 포스트잇을 책상에 붙여놓고 '이걸 3초간 보면 집중할 수 있다'고 믿는 것이죠. 노란색은 망막 위에 초점을 맞추기 쉬워 원래 집중이 잘 되는 색입니다. 거리의 신호등에서 주의 신호로 노란색을 쓰는 걸 보면 알 수 있죠. 마찬가지로 파란색도 집중력(무의식적으로 들어오는 정보나 이미지로 수동적인 주의)을 높여주는 색입니다. 또 붉은색은 흥분하기 쉬운 색이며, 녹색은 진정이 잘 되는 색입니다. 공부의 속도를 올리고 싶을 때는 붉은색, 쉬고 싶을 때는 녹색 포스트잇을 붙여 상황에 맞게 집중 상태를 만드는 보조 수단으로 활용해보세요.

 Lesson 24

집중이 부족하다고 느낄 때, 위 방법들을 시도해보세요. 부모가 먼저 해보고, 효과를 실감하면 자녀에게도 가르쳐주세요.

집중력이 떨어질 때 활용하면 좋은 방법들

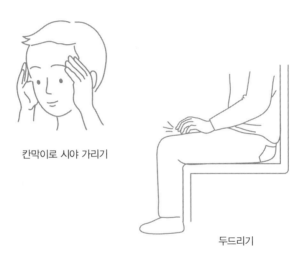

칸막이로 시야 가리기

두드리기

66 뇌가 한 번에 집중할 수 있는 시간은 15분 정도입니다. 집중력이 떨어질 99
때 손바닥으로 넓적다리를 두드려주면 뇌에 자극이 전해져 신경계가
활발해지면서 집중 상태가 됩니다. 또 칸막이를 이용해(손으로라도)
시야에서 불필요한 것을 가려주면 집중력이 높아집니다.

집중 리듬에 맞게
공부 계획을 세우자 ✎

집에서 하는 공부라고 해도 여름방학이나 겨울방학처럼 긴 휴가 기간에는 생활 리듬이 깨지기 쉽습니다. 평소와 다른 방법으로 집중해야 할 필요가 있는 것이죠. '월요병'이라는 말이 있습니다. 일요일 저녁만 되면 '내일부터 또 학교(회사)에 가야 하는구나!' 하는 생각에 우울해지지 않던가요? 이런 기분이 '월요병'입니다. 하지만 월요일의 우울한 기분도 주말이 가까워질수록 점점 상승합니다. 주말을 앞둔 금요일이 되면 최고조에 이르죠. 그 기분으로 주말을 즐겁게 보내다가 일요일 저녁이 되면 다시 우울 모드로 바뀝니다.

시간 생리학자의 말에 따르면, 이렇게 오르락내리락 하는 기분의 리듬은 인간이 가진 생리학적 주기라고 합니다. 마찬가지로 뇌 활동에도 생리학적 리듬이 있습니다. 주 단위로 뇌 활동을 조사해보면, 뇌가 활발해서 집중력이 좋은 요일과 뇌 활동이 둔해져 산만해지기 쉬운 요일이 있습니다. 어떤 요일인가는 사람마다 다르겠죠.

집중에서 중요한 것은 자신의 '집중 리듬'에 맞는 공부 계획을 세우는 일입니다. 방학 첫 일주일 동안, 집중력이 좋은 요일과 하루 중 가장 집중력이 좋은 시간대를 파악해봅시다. 그 결과를 바탕으로 방학 일정을 짜면 편리하고 효율적이죠. 자신의 집중 리듬을 알았다면 집중력이 좋

Lesson 25

자녀의 집중 정점이 언제인지 관찰합니다. 다음과 같은 그래프에 그림으로 그려보세요. 그림의 가로축은 '요일(시간)', 세로축은 '집중도'를 나타냅니다. 가장 집중이 안 되는 날(시간)을 0, 가장 집중이 잘 되는 날(시간)을 10으로 합니다.

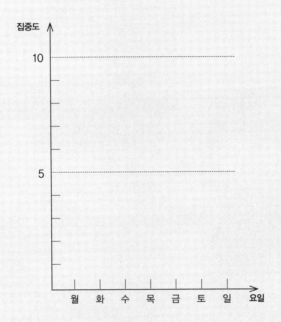

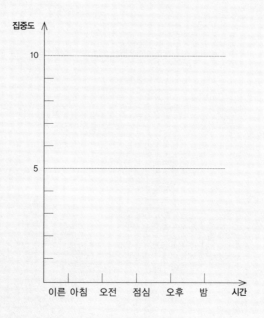

 Lesson 26

자녀의 집중 정점을 대충 파악했다면, 그 요일과 시간대에는 공부에
집중할 수 있도록 가족행사를 넣지 않는다든가, 심부름을 시키지 않
는다든가, TV를 끈다든가 하는 식으로 환경을 정비해주세요.

은 요일에는 암기나 연습문제에 매달리고, 집중력이 떨어져 산만해지기 쉬운 요일에는 공책 정리나 복습 위주로 계획을 세우면 좋습니다.

집중 리듬에 맞게 학습을 했을 때의 장점은 도파민 신경계의 '흥분'과 세로토닌 신경계의 '진정'이 효과적으로 작용했을 때 우리 뇌가 무엇인가에 빠져든다는 원리와도 통합니다. 집중력이 좋은 요일에 열심히 하면 산만해지기 쉬운 요일에도 기다릴 수 있는 상태가 됩니다. 집중 리듬을 알기 때문에 다음 집중 정점을 기다리며 집중력이 없으면 없는 대로 공부할 수 있게 하죠. 하루의 집중 리듬도 마찬가지입니다.

📝 Lesson 27

자녀가 흥미를 보이면 자신의 집중 패턴을 고려하면서 '기승전결'형 공부 계획 세우기에 도전하게 해봅니다. 어디까지나 흥미를 보였을 때 시도해보세요.

작심삼일을
극복하는 방법

자, 자녀의 집중하는 리듬을 파악해서 공부 계획도 세웠습니다. 그런데 '열심히 하자! 아자!' 하고 의욕 넘치게 시작했건만 일주일도 못 가

계획은 흐지부지. 그렇더라도 "또 작심삼일이야!" 하고 아이를 야단치지는 마세요. 인간은 원래 작심삼일作心三日이 당연한 동물입니다.

'주週' 단위로 기분 리듬이 있듯이, 의욕에도 리듬이 있습니다. 의욕에 관여하는 도파민은 '좋아, 해보자!'라고 생각했을 때 가장 많이 분비되었다가, 차츰 떨어서 3~5일이 지나면 바닥이 됩니다. 그 때문에 인간은 작심삼일이 되기 십상이고 의욕도 변덕스럽죠.

처음에는 집중을 하다가 얼마 안 지나서 주의가 흐트러지는 이유도 인간에게 '순화馴化'라는 성질이 있기 때문입니다. 기후가 다른 지역에 옮겨진 생물이 점차 그 환경에 적응하는 체질로 변하는 것을 순화라고 합니다. 간단한 예를 들어보면, 차가운 물에 손을 넣다 빼기를 되풀이하다보면 어느새 차가움을 별로 느끼지 않게 되는 것을 말하죠. 그 때의 뇌 활동을 보면, 도파민 분비가 처음에는 절정에 달했다가 두 번, 세 번 횟수가 늘어감에 따라 분비량이 떨어집니다. 대개 세 번째에서 분비량이 안정된다는 사실을 생각해보면, 역시 인간은 작심삼일이 되기 쉽다고 할 수 있죠.

그러니 아이가 의욕적으로 공부 계획을 세워 반짝이는 눈빛으로 시작해도, 3일째에는 아무래도 첫날만큼 의욕이 나지 않는 것은 어쩔 수 없습니다. 작심삼일로 흐지부지된 결과가 아니라, 공부 계획을 세워 아무튼 시작했다는 사실에 주목해주세요. 설령 작심삼일이었다 해도 하루나 이틀은 했으니까요. 첫날 그만둘 수도 있었는데 이틀, 사흘이나 했으니 정말 대단한 일이죠! 3일씩이나 지속한 이유는 뭘까요?

아이가 대답을 잘 못해도 상관없습니다. '좋은 일을 시작한 이유'를 찾으려고 하다보면 뇌에서 계속 탐색이 이뤄지면서 '의욕 회로'를 돌립니다. 이런 식으로 되돌아보는 일은 다음 작심삼일의 시작을 앞당기는 방법입니다.

　뇌 속에는 두 가지 도파민 신경계가 있다고 설명했습니다. 하나는 흑질에서 선조체 쪽으로 뻗어 있는 무의식적 동작에 관여하는 신경계, 또 하나는 복측피개에서 전두엽으로 뻗어 있는 쾌감에 관여하는 신경계입니다. 뇌에는 선조체를 매개로 무의식적 동작과 쾌감을 연결하는 회로가 있는 셈이죠.

아이의 반성을 자발적인 생각과 행동으로 연결하고 싶다면, 이미 발생한 아이의 생각과 행동을 이용하는 쪽이 편리합니다. 그 생각과 행동을 발견해서 칭찬해주세요. 그럴 때 두 개의 도파민 신경계가 쉽게 연결됩니다.

작심삼일은 어떻게 극복할 수 있을까요? 간단합니다. 작심삼일로 끝나더라도 처음부터 다시 시작하면 됩니다. 그것이 바로 다음날이든, 1주일 뒤든, 한 달 뒤든 다시 시작하는 것이죠. 시작해서 또 작심삼일로 끝나면 다시 한 번 처음부터 시작합니다. 아무튼 작심삼일을 단 한 번으로 끝내지만 않으면 됩니다. 너무 간단하다구요? 맞습니다. 방법이라고도 할 수 없을 만큼 쉽고 간단하지요. 하지만 작심삼일로 끝나는 3일짜리가 거듭되어 쌓이면 무시할 수 없는 힘을 발휘합니다.

의욕과 집중력을 이끌어내려면 일단 다시 시작하세요. 다시 시작하지 않으면 뇌가 활성화되지도 않고 의욕도 생기지 않습니다. 의욕이 안 생겨 계속 빈둥거리다보면 성취감을 얻을 수 없기 때문에 악순환의 고리를 끊지 못합니다. 마지못해서라도 일단 시작하면 차츰 발동이 걸려 선조체가 활동하기 시작합니다. 이렇게 의욕이 상승하면 뇌가 알아서 집중 모드로 들어가기도 합니다.

'어, 막상 시작해보니 의외로 재미있네!' 이런 체험들이 쌓이면 아이의 재산이 됩니다. 아이가 다음에 무언가를 시작할 때 스스로 의욕 회로를 돌리는 것은 바로 이 축적된 체험에서 나오는 것이죠.

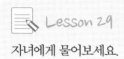

Lesson 29

자녀에게 물어보세요.

"막상 해보니 의외로 재밌다 싶었던 일이 있니?"
"마지못해 해보긴 했는데 꽤 즐거웠던 적은?"

아이 스스로 자신에게 맞는 체험 정보를 생각해내는 것이 중요합니다.

실력보다 약간 높은
목표를 세워라

실력보다 높은 목표를 세우라고 했다고 너무 어려운 것부터 시작하면
의욕 회로가 헛돌아 '의외로 재미있네'라는 성취감을 얻기도 전에 좌
절할 가능성이 있습니다. 자녀가 무리한 공부 계획을 세웠다가 힘에
부쳐 그만둔 적은 없나요? 실력에 비해 수준이 높은 문제집을 풀려고
끙끙대다 포기한 적은 없었나요?

사실 뇌 활동에서 보면 당연한 결과입니다. 너는 '못 해' '이제 안 되
겠어' 같은 상태를 감지하면 전두엽 활동을 극단적으로 자제합니다.
이런 상태에서 계속 공부해봐야 의욕만 잃게 됩니다. 결국 뇌가 성취

감을 학습할 계기도 잃을 뿐만 아니라 '노력해도 소용없어'를 학습하게 되는 것이죠.

한번 의욕을 상실하면 다음에 수준을 조금 내려서 다시 도전하더라도 뇌가 움직이려고 들지를 않습니다. 그래서 원래 할 수 있는 것조차도 못 하게 될 수 있습니다. 아이가 공부할 의욕을 내지 못하는 이유 중 하나는 '아무리 공부해도 성적이 오르지 않기 때문'입니다. 이런 상황에서 '이제 못 하겠어!' '공부해봐야 아무 소용없어!'라는 생각이 들면, 공부할 의욕이 싹 사라져 갈수록 성적이 오르지 않는 악순환에 빠지게 됩니다.

이 악순환을 끊으려면 도전 단계를 자녀의 실력보다 약간 높게 설정하세요. 외국어학원에서 자기 실력보다 조금 높은 반에서 시작하기를 추천하는 이유는, 그 레벨이 가장 실력을 향상시킬 가능성이 높기 때문입니다. 모르는 단어만 나열된 문장을 읽거나 거의 알아듣지도 못하는 듣기훈련을 하기보다는, 아는 단어가 적당히 들어가 조금은 알아들을 수 있는 단계에서 시작하는 편이 실력도 빨리 오르고 즐겁게 배울 수 있는 것이죠.

'조금 어려워 보이지만 어떻게든 될 거야!' 공부 계획을 세우든 문제집을 풀든, 이 정도를 기준으로 삼으면 '하는 보람'이 싹트기 쉽습니다. 뇌 활성화를 고려해 아이의 실력보다 약간 높은 단계에 도전하게 하세요. 그곳에는 아이의 성취감과 의욕의 근원이 잠자고 있습니다.

기다릴 줄 아는 마음이
성적을 올린다

그렇다면 '해도 안 된다 → 의욕이 안 생긴다 → 성적이 오르지 않는다'라는 악순환의 고리를 끊는 방법은 없을까요? 있습니다. 아이에게 끈기 있게 결과를 기다리는 마음의 힘을 길러주는 것입니다.

학교에서나 부모님들이 흔히 말하는 '공부를 잘하는 아이'란 어떤 아이일까요? 시험 점수가 좋은 아이일까요? 수업 태도가 좋은 아이일까요? 집중력과 기억력이 뛰어난 아이일까요?

Lesson 30
'공부를 잘하는 아이'란 어떤 아이를 말할까요?
부모님이 생각하는 공부 잘하는 아이의 모습을 한번 떠올려보세요.

위의 대답이 모두 틀린 말은 아니지만 충분한 대답도 아닙니다. 공부를 잘하는 아이란, 성적이 오르지 않아도 결과를 기다릴 수 있는 아이입니다. 그럼 왜 성적이 오르지 않아도 결과를 기다릴 수 있을까요? 공부 잘하는 아이는 '스스로 보상을 준비할 수 있는 힘'을 길러 의욕을 지속하기 때문입니다.

'열심히 했는데 안 됐네!' 공부를 잘하는 아이는 이렇듯 만족스럽지 못한 결과 앞에서도 의욕을 잃지 않습니다. 오히려 '괜찮아. 다음엔 할 수 있어!'라고 자신을 격려하며 다시 도전하죠. '다음'이라는 쾌감을 기대하므로 결과를 기다릴 수 있습니다. 그야말로 의욕 회로를 풀 가동시켜 공부에 빠진 상태죠.

그런 아이는 스스로 자신의 학습 계획을 세우는 '스스로 학습' 습관이 몸에 배어 있습니다. 첫째, 목표를 세워 의욕적으로 공부한다. 둘째, 오류나 실수를 저질러도 그것을 통해 해결 방법을 찾으면서 다음 단계로 올라간다. 스스로 학습으로 이러한 사이클이 몸에 배면, 뇌를 더욱 활성화시키게 됩니다. 그러면 결과적으로 실력 향상을 기대할 수 있게 되는 거지요.

여러 번 언급했던 '기다리는 마음'을 기르는 것은 세로토닌 신경계입니다. 만족과 안심감을 느끼게 하는 세로토닌 신경계가 제대로 활동하면, 다음 쾌감이 올 때까지 기다릴 수 있는 상태를 만듭니다. '거기서 공부하면 왠지 집중이 잘 돼'처럼 장소에 빠지는 쾌감이 바로 그것이죠.

세로토닌계의 활동을 이끌어내기 위해서는 부모의 적극적인 지원도 필요합니다. 부모가 할 수 있는 몇 가지 예를 들면 다음과 같습니다.

- 적당한 운동을 하게 한다.

- 수면 리듬을 조절하게 한다.
- 아침밥을 제대로 챙겨 먹여 식사 균형에 주의를 기울인다.
- 공부를 위한 '장소'를 정하게 한 뒤 그곳을 편안한 장소로 꾸며준다.

부모가 이렇게 응원해주고 환경을 만들어주면 아이의 세로토닌계 활동을 이끌어내 '기다리는 마음'이 성숙하도록 지원해줍니다.

못하는 과목 극복하기 1
자세히 분석하면 선호도가 높아진다

못하는 과목을 어떻게 극복하면 되는지 알려드리겠습니다. 여러 과목 중에서 가장 못하는 과목이 조금 만만해진다면 공부 기피증도 조금은 줄어들 것입니다.

미국의 오바마 대통령이 당선된 시기와 맞물려 어떤 연구 결과가 발표되었습니다. 아프리카계인 오바마가 대통령이 되면 미국에서 흑인에 대한 편견이 줄어들까? 결론은 '인종적 편견을 과학적으로 감소시킬 가능성이 있다'였습니다.

백인 대학생 스무 명에게 매우 비슷하게 생긴 흑인 얼굴을 구별하는 훈련을 시켰습니다. 몇 장의 사진을 보여준 뒤 다른 사진도 섞어 보여주면서 '본 적이 있는 얼굴인가, 처음 보는 얼굴인가'를 구별하게 하는 훈련이었죠. 이 훈련을 10시간 되풀이해서 훈련 전후로 편견 정도를 조사하는 내재적 연관 검사(IAT:Implicit Association Test)를 실시했습니다. 얼굴을 식별하는 능력이 현저하게 향상된 학생은 편견 정도가 줄었습니다.

백인 대학생들은 얼굴 사진을 구별하는 단계에서 흑인의 얼굴을 유심히 관찰했을 것입니다. '본다는 것은 좋아한다는 의미'입니다. 더욱이 사소한 차이로도 개체를 쉽게 식별할 수 있게 되면, 그 집단 전체에 대한 선호도가 올라갑니다.

못하는 과목을 싫다고 얼렁뚱땅 한데 묶지 말고 세심하게 관찰해봅시다. '그 과목의 어떤 점이 싫을까. 구체적으로 어디를 못하는 걸까. 작년에도 못했나. 그렇다면 지금만큼 못했나. 어떻게 하면 싫은 감정이 줄어들까.' 이렇게 하나하나 싫은 정도를 세세하게 분석하다보면 점점 혐오감이 줄어들 가능성이 있습니다. 아니, 상당히 줄어듭니다.

못하는 과목 극복하기 2
싫어싫어 회로 vs 좋아좋아 회로

'좋다, 싫다'의 감정을 판단하는 것은 기억을 관장하는 해마 입구에 있는 편도체입니다. 편도체는 정서와 감정에 깊이 관여하는 부위입니다. 이곳에서 '좋다, 싫다'를 대강 정해 놓으면, 이성적인 사고와 판단을 담당하는 전두엽이 편도체가 정해 놓은 것을 더 꼼꼼히 음미해서 의사결정을 내립니다.

국어를 못하는 아이가 '국어는 싫어!'라고 느낄 때는 편도체에서 해마에게 '싫어' 신호를 보냅니다. 그러면 국어에 관한 과거 기억이 '괴로운 것'으로 인식됩니다. 또 '싫어' 신호는 의욕에 관여하는 뇌 부위에도 전달되어 국어에 대한 의욕을 떨어뜨리게 됩니다. 이것을 저는 '싫어싫어 회로'라고 합니다.

반대로 '국어가 참 좋아'라고 느낄 때는 국어책을 펼치는 등 무의식적 행동에도 '좋아'라는 꼬리표가 붙으면서 순조롭게 국어공부를 할 수 있습니다. 이것을 '좋아좋아 회로'라고 합니다.

이번에는 즐거운 일과 관련을 지어봅니다. 못하는 과목을 공부할 때는 책상에 앉아 교과서와 공책을 펼치고 연필을 쥐는 행위처럼 당연한 행동을 하면서, '난 이러는 게 좋아!'라는 감정을 담는 일이 중요합니다. 그러면 '좋아좋아 회로'가 돌면서 의욕이 솟아 머리도 잘 움직입니다.

그러니 내일 학교 갈 준비를 할 때도 '난 이러는 게 좋아!'라는 기분으로 해보세요. 공부 기피증을 줄이는 계기가 될 테니까요.

4장

한 번 기억하면 절대 잊지 않는다

강력한 기억을 만드는 비결

기억은 어떻게
정착시키는가에 달렸다

기억력이 좋은 사람과 나쁜 사람의 차이는 기억의 '정착률'에 있습니다. '기억력이 좋다'는 '기억 정착률이 좋다'로 바꿔 말할 수 있는 것이죠. 기억은 지속 시간에 따라 다음과 같이 세 가지로 분류합니다.

- **단기 기억** : 몇 초에서 1분 정도의 기억, 15초가 지나면 90퍼센트가 사라짐
- **중기 기억** : 몇 초에서 며칠, 길게는 한 달쯤 기억, 9시간 정도 지나면 대부분 사라짐

- **장기 기억** : 몇 시간에서 몇 년에 이르는 기억

기억력에서 중요한 것은 기억의 지속 시간 그 자체가 아닙니다. 단기 기억은 중기 기억으로, 중기 기억은 장기 기억으로 바꾸지 않으면 사라집니다. 장기 기억이라 해도 사라지는 기억은 사라지지만, 기억을 어떻게 '정착'시키는가가 기억력 향상의 비결입니다.

아이들은 공부를 할 때 앞뒤없이 무조건 외우기부터 하려 듭니다. 공식, 단어, 연호, 어구 같은 이른바 '암기할 것'들은 물론이고 '언제, 누가, 어디서, 무엇을, 어떻게' 등 원인과 결과를 이해할 필요가 있는 것들도 일단 '외우는' 게 공부라고 생각하는 모양입니다. 그런데 뜻대로 되지 않으니 '나는 공부를 못해!' '난 머리가 나빠!'라며 한탄합니다. 하지만 공부는 외우는 것이 아니라 학습 내용을 정착시키는 것, 즉 이해하는 것임을 안다면 기억력은 틀림없이 향상됩니다. 그리고 기억 정착률을 높이기 위해서는 뇌를 사용할 때 약간의 요령이 필요합니다.

뇌의 메모장
워킹메모리 ✎

한 가지 실험을 해봤습니다. 사진 몇 장을 2초간 보여주고 그 사진이

실내인지 실외인지를 판단하게 한 후, 그때의 뇌 활동을 조사했습니다. 30분 뒤 아까 보여준 사진에 다른 사진을 뒤섞어 무작위로 보여줍니다. 그리고 아까 보여준 사진인지 아닌지를 판단하게 합니다.

그러자 처음에 실내인지 실외인지를 판단할 때, 전두연합영역 바깥 부분과 측두엽 안쪽 부분이 강하게 활동한 사진일수록 기억을 잘 한다는 결과가 나왔습니다. '본 적이 있다'는 확신이 정답으로 이어진 셈이죠.

관자놀이에서 그보다 약간 위에까지 걸쳐 있는 뇌가 전두엽 바깥 부분입니다. 기억과 정보를 일시적으로 저장해서 조합하는 일에 관여합니다(그림-위). 해마, 해마방회, 후각 내피질, 후각 주위피질 등을 포함한 측두엽 안쪽 부분은 '아, 알겠다!' 하는 느낌에 관여합니다(그림-아래).

이 전두엽 바깥쪽과 측두엽 안쪽이 단기 기억의 일종인 '워킹메모리 working memory'를 담당하고 있습니다. 정보나 기억을 일시적으로 저장해 어떠한 지적 작업을 실행하는 것이 워킹메모리입니다. 앞서 소개한 실험을 예로 들면, 사진이 '실내'인지 '실외'인지를 판단하기 위해 사진에서 얻은 정보와 과거 기억을 일단 워킹메모리로 만드는 것이죠. 워킹메모리에서 깊이 처리하면 전두엽 바깥쪽과 측두엽 안쪽이 강하게 활성화되어 장기 기억이 된다는 것이 실험의 해석입니다.

워킹메모리는 뇌의 메모장이며 학습의 기초가 됩니다. 워킹메모리

전두엽 바깥쪽

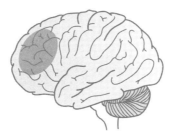

측두엽 안쪽

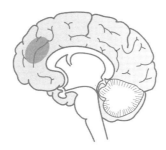

> 단기기억의 일종인 워킹메모리를 담당하는 뇌 부위는 전두엽 바깥쪽과 측두엽 안쪽입니다. 전두엽 바깥쪽은 기억과 정보를 일시적으로 저장해 조합하고, 측두엽 안쪽은 '아, 알겠다!' 하는 느낌에 관여하지요. 이 두 부위가 강하게 활동할수록 장기 기억이 됩니다.

의 반응은 기억력에도 중요한 요소입니다. 아이의 워킹메모리가 제대로 작동하지 않으면 '얼마 전에 두 시간이나 공부해서 분명히 알고 있는데 …… 아아, 도저히 생각이 안 나!' 하는 상태가 되고 맙니다.

워킹메모리
체험하기

아이의 워킹메모리가 제대로 작동하는지를 이해하기 위해, 제2장에서 했던 워킹메모리 체험을 다시 한 번 도전해봅시다. 이번에는 '글자 골라내기'입니다.

 Lesson 31

● 글자 골라내기

다음 문장을 읽고 내용을 파악하면서, 자음 'ㄴ'의 개수를 세어주세요. 문장은 복습도 할 겸, 앞서 설명한 기억 분류에 관한 내용입니다.

기억은 지속시간에 따라 다음과 같이 세 가지로 분류합니다.

- **단기 기억** : 몇 초에서 1분쯤의 기억, 15초가 지나면 90퍼센트가 사라짐
- **중기 기억** : 몇 초에서 며칠 또는 길게는 한 달쯤 기억, 9시간 정도 지나면 대부분 사라짐
- **장기 기억** : 몇 시간에서 몇 년에 이르는 기억

문장을 이해하려고 하면서 읽으면, 읽은 부분이 '뇌에 메모' 되면서 워킹메모리가 작동해서 내용을 파악합니다. 그런데 'ㄴ'의 개수를 세려고 하면서 읽으면 워킹메모리의 용량이 부족해져서 'ㄴ'의 개수를 잘못 세곤 하지요. 이것이 바로 '뇌에 메모하는 감각'입니다.

 Lesson 32

● **문장 읽기**

또 한 가지 워킹메모리를 체험해보세요. 다음의 문장을 읽어보세요.

정보나기억을일시적으로저장해어떠한지적작업을실행하는것이워킹메모리입니다앞서소개한실험을예로들면사진이실내인지실외인지를판단하기위해사진에서얻은정보와과거기억을일단워킹메모리로만드는것이죠워킹메모리에서깊이처리하면전두엽바깥쪽과측두엽안쪽이강하게활성화되어장기기억이된다는것이실험의해석입니다

마침표와 쉼표, 띄어쓰기가 없는 문장은 빨리 읽기가 쉽지 않죠? 술술 읽지 못하는 만큼 워킹메모리에 부하가 걸립니다. 하지만 워킹메모리에 부하를 걸어 읽으면 술술 읽는 것보다 기억에 남습니다. 마지막으로 한 가지 더 해보겠습니다.

얼굴 기억의 핵심은 방추형회이기는 하나, 방추형회를 중추로 하는 네트워크가 얼굴 기억에 관여하는 것에 지나지 않습니다. 따라서 기억은 어디까지나 연결이며, 연결 형태를 어떻게 하느냐가 기억하는 요령입니다.

어려운 단어를 이해할 때도 워킹메모리가 작동합니다. 따라서 이 문장을 기억할 때는 '방추형회紡錘形回'라고 표기하는 편이 '방추형회'를 기억하기 수월합니다. 방추형회는 측두엽 아래쪽에 있습니다. 방추형회은 좋고 싫음에 관여하며 강하게 연동하고, 기억을 주관하는 해마는 편도체가 흥분하면 쉽게 활동합니다. 따라서 얼굴은 감정을 움직이기 쉽고 기억에도 잘 남는 것이죠. 성장기 때는 얼굴 판단이 방추형회에 몰려 있지 않지만, 점점 자라면서 이곳에 집중됩니다.

흥미로운 점은 자동차에 관심이 많고 애착을 갖는 사람은 차종을 구별할 때도 바로 이 방추형회를 사용합니다. 그야말로 자동차에 얼굴이 있는 셈입니다. 또 이처럼 방추형회를 자세히 설명하는 글을 읽으면 방추형회를 더 잘 기억하게 되는 것이 뇌의 원리입니다.

주인공 감각이
기억을 강화한다

'워킹메모리'라는 개념을 확립한 사람은 인지심리학자 배들리Baddeley입니다. 워킹메모리는 처음에 조음 루프(phonological loop)와 시공간 메모장(visuospatial sketchpad)만으로 파악했습니다. 조음 루프란, 말이나 소리 정보를 반복시켜 말을 잠시 보유하는 시스템입니다. 앞에서 지금이 글을 읽을 때도 '소리 정보' 반복에 의지하고 있을 것입니다.

시공간 메모장이란 시각적·공간적 이미지를 잠시 보유하고 조작하는 시스템입니다. 예를 들어, 방추형회를 '방추형회'라는 조음 루프로 보유하려는 것에 대해, '紡錘形回'라는 시각적 문자 인상으로 기억한 경우, 시공간 메모장을 이용한 기억 보유입니다.

현재는 그 두 가지에 '일화 버퍼(episodic buffer)'가 추가된다고 보고 있습니다. 음성, 시각, 공간 정보에 의미 정보를 통합시킨 것으로 마치 영상을 보듯이 기억을 보유하는 시스템입니다.

이러한 조음 루프, 시공간 메모장, 일화 버퍼를 제어하고 장기 기억 등의 정보를 처리하는 중앙집행부가 워킹메모리 시스템입니다.

워킹메모리 시스템 구축 과정을 간단히 살펴보겠습니다.

'방추형회'를 기억할 수 없다.

('조음 루프'에 의지해도 기억이 잘 정착되지 않는다.)

↓

한자 '紡錘形回'를 보니 기억하기 쉬워졌다.

(시각적 메모를 사용함으로써 기억할 확률이 높아졌다.)

↓

방추형회에 대한 설명을 읽었더니 더 기억하기 쉬워졌다.

(일화 버퍼 정보로 기억할 확률이 더 높아졌다.)

이처럼 기억 정착률이 높아지는 워킹메모리 시스템을 보면, 실은 '이해'의 과정임을 알 수 있습니다.

눈과 귀로 기억하는 것은 워킹메모리를 능숙하게 사용한다는 의미입니다. 영상처럼 된다면 더욱 좋겠죠. 거기에 '주인공 감각'이 더해지면 기억 정착률은 한층 더 올라갑니다. 자신이 직접 체험하거나 감동을 느낀 일은 쉽게 잊지 못하는 법입니다. '주인공 감각'이란 그런 의미입니다. 따라서 무언가를 기억할 때는 자기 체험에 가까운 형태로 기억을 일화(episode)로 만드는 편이 기억하기도 쉽고 뇌에 정착할 확률도 높습니다. 공부법도 마찬가지입니다.

사실이나 개념에 관한 기억을 '의미 기억'이라 하고 특정 시간과 장소, 개인적 체험과 그때의 감정까지 포함한 기억을 '일화 기억'이라 합니다. 역사 공부를 할 때 단순히 연호나 인물 이름을 외우고 사건 명칭을 암기하기보다는, 드라마 〈불멸의 이순신〉을 보고 머릿속에 선조의 이미지가 있는 편이 더 오래 기억에 남습니다.

그런데 일반적으로 공부할 때는 조음 루프를 사용하는 경우가 많습니다. 특히 공부 계획을 세울 때 '우선은 이걸 하고, 다음에는 저걸 하고 ……' 하는 식으로 말로 하죠. 한두 과목 정도라면 음운으로 순서를 정할 수 있지만, 서너 과목 이상 병행해서 공부할 때는 무리죠. 시간 순서대로 배열되어 있는 조음 루프만 사용하면 계획의 중요성 정도나 전체를 한눈에 파악할 수 없기 때문에, 금세 정체되거나 계획을 망칠 가능성이 높습니다. 그러니 표나 그래프 등 이미지를 사용한 시공간 메모장이나 주인공 감각을 살린 일화 버퍼를 잘 활용해보세요.

한 가지 짚고 넘어갈 것은 기억하는 방식이 사람마다 다르다는 겁니다. 남성은 시각적 메모를 사용하는 경우가 많고, 여성은 60퍼센트 정도가 조음 루프를 사용한답니다. 하지만 뇌에는 음운과 시각, 쌍방의 루프가 존재하므로 어차피 병행해서 사용하는 편이 효율적입니다. 뇌에 기억을 정착시키기 위해 종이에 적는 방법을 사용하기도 합니다.

기억 되살리기에 최적인 '가지 도표'

기억 정착률을 높이고, 기억을 잘 되살리기 위해서 우리는 다양한 방법으로 기록합니다. 학습 효율을 위해서는 같은 내용이라도 '기억하기 쉬운 형태' '보기 편한 형태'로 표현하는 것이 좋습니다. 그러한 예가 여러 갈래로 나뭇가지가 갈라지는 듯한 그림인 '가지 도표'입니다. 순서도, 마인드맵, 물고기뼈 도표 등 종류도 다양한데, 영리한 아이라면 이와 비슷한 방법을 이미 실천하고 있으리라 봅니다.

가지 도표를 통해 시각적·계층적으로 표현하면 사건을 정리할 수 있을 뿐 아니라 중요성 정도와 전체 파악이 쉽다는 장점이 있습니다.

사건끼리의 연관성을 그림으로 표시하면 이해를 촉진시킵니다. 이해하고 있기 때문에 적절한 때에 적절한 내용을 떠올릴 수 있는 것이죠.

해마가 맡은 역할은 오감과 기억 정보에 새로운 결합을 만드는 일입니다. 결국 새로운 세계를 보는 방식, 경험하지 못한 세계를 이해하는 형태를 새롭게 만드는 일입니다. 이럴 때 이해와 기억을 도와주는 가지 도표를 활용하면 기억을 되살리는 데 최적의 도구입니다.

이해와 기억의
키워드는 '3'

가지 도표를 만들 때의 요령은 '3'입니다. '마법의 숫자 7'이라는 말을 들어본 적이 있나요? 가령 1863,398605,72960147 하고 자릿수를 늘려가며 기억하다 보면, 순간적으로 기억할 수 있는 숫자는 평균 7±2 자릿수 정도입니다. 그 수가 바로 마법의 숫자 7입니다. 이 사실에 비추어 인간이 단기적으로 기억할 수 있는 용량은 7청크(덩어리) 정도로 보고 있습니다.

하지만 최근 워킹메모리 연구에서는 '7'이라는 숫자도 너무 크다고 보고 있습니다. 1~2초 정도의 초단기 기억이나 어휘 조합 같은 전략을 쓴다면 가능하지만, 전두엽과 해마가 처리하는 워킹메모리의 용량으로 '7'은 지나치게 크다는 것이죠. 그래서 지금은 3청크에서 4청크가 적절하다고 보고 있습니다. 워킹메모리 용량을 고려하면, 덩어리 하나를 3청크로 처리하는 것이 한계로, 아무리 애써봐야 4청크입니다. 간단히 얘기해서 '이것' '그것' '저것' 3청크에 '그 외'가 붙는 정도면 바람직한 것이죠.

따라서 워킹메모리를 활용하여 정보를 적절하고 깊이 있게 처리할 수 있게 촉진하는 키워드는 '3'입니다. 이해하기 쉬운 형태를 생각한다면 '3'을 의식해서 정리하면 좋습니다(154~155쪽 그림 참조). 공책 정리가 서툰 경우에는 학습내용을 3-3-3의 가지 도표로 만들면, 머리는 물론 시각적으로도 정리가 되므로 이해가 깊어집니다.

예를 들어, 고대국가가 불교를 수용하는 내용에 대해 공부할 때를 살펴봅시다. 연호나 인물, 사건 따위를 그저 공책에 적기보다는 '고대국가의 불교 수용'이라는 차트를 하나 만드는 편이 훨씬 이해하기 쉽습니다. 공부 계획을 세울 때도 3청크 가지 도표가 도움이 됩니다. 우선순위와 전체적인 진척 상태를 시각적으로 파악할 수 있을 뿐 아니라 시간을 배분하기에도 편리하죠. 어느 것이든 굳이 세밀히 구분할 필요는 없습니다.

세 개로 좁혀지지 않을 때는 우선순위가 높은 항목 두 개와 '그 외'로 3을 만든 뒤, '그 외' 부분을 별개의 차트로 만들어두면 워킹메모리 용량에 딱 들어맞는 방법이 됩니다. 외우기 쉽고 보기 편한 형태란 이

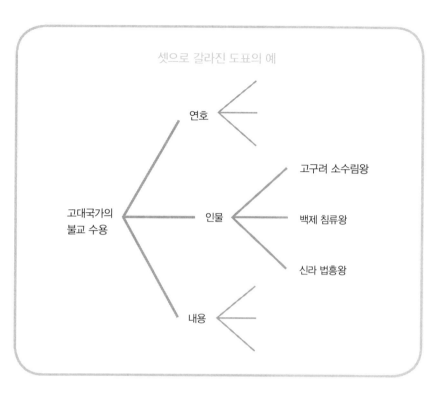

셋으로 갈라진 도표의 예

연호

고구려 소수림왕

고대국가의
불교 수용

인물

백제 침류왕

신라 법흥왕

내용

해하기 쉬운 형태를 말합니다. 이해하기 쉬운 형태야말로 기억 정착률
이 좋은 형태인 것이죠. 기억이란 정보 그 자체를 기억하는 것이 아니
라, 정보를 덩어리로 묶어 다른 정보와의 연관성을 부여하는 일입니다.
단순한 통째 암기도 결국 연관성을 갖고 있죠.

'통째 암기라서 무의미하다'고 비난받는 수험공부도 분명 의미가 있
습니다. 이해 없이 기억하는 것은 사실 매우 어렵기 때문이죠. 하지만
이왕 외울 거라면 내용을 이해해서 서로 연결시켜주는 편이 합리적입

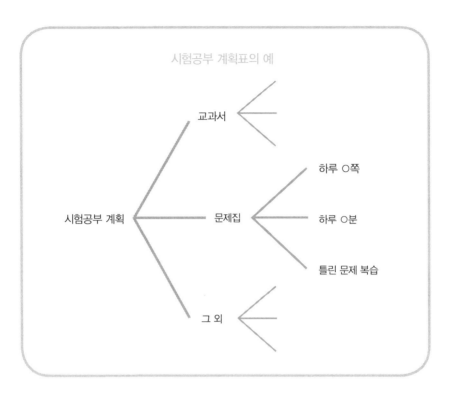

시험공부 계획표의 예

교과서

하루 ○쪽

시험공부 계획 ─── 문제집 하루 ○분

틀린 문제 복습

그 외

니다. 가령 참고서만 봐도 잘 만든 참고서는 한눈에 알 수가 있습니다. 왜 그런지 분석해보면, 학습내용을 적당한 덩어리로 나눠 각각 보이지 않는 차트로 연결해놨기 때문이죠. 그러한 연결에 도움을 주는 것이 '일화 버퍼', 기억을 일화로 만드는 작업입니다.

'일화'를 얼마나 만들 수 있는지가 이해의 깊이를 보여줍니다. 먼 길을 돌아가는 듯해도 결국 제대로 이해하는 것이 기억의 효율성을 높입니다. 한마디로 '제대로 공부하자'는 말입니다.

3청크 가지 도표 효과를 실감해봅시다. 다음 그림의 빈칸에 여러분 나름대로 항목을 적어보세요. 예제는 '생활 속의 절약'인데, 주제는 다른 것으로 바뀌어도 상관없습니다.

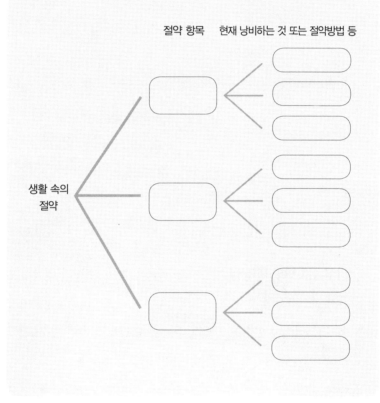

청크와 후크로
기억을 강화한다 🖋

학습 내용을 에피소드(일화)로 바꾸는 기술은 청크와 후크를 능숙하게 활용하는 일입니다. 청크란 앞에서도 잠깐 언급했듯이 '덩어리'입니다. 가령 '196509174'를 그대로 외우는 건 힘들어도 196-509-174와 같이 덩어리로 생각하면 상당히 기억하기 쉬워지죠.

긴 영어 문장도 처음부터 그대로 번역하다보면 도중에 횡설수설이 되기 일쑤지만, 관계대명사로 구분하는 등 적당한 청크를 만들면 이해하기가 훨씬 쉽습니다. 어휘 조합이나 3-3-3 가지 도표도 '이해하기 쉬운 = 기억하기 쉬운' 청크를 만드는 방법으로 파악할 수 있습니다.

후크는 '연결고리'입니다. 배우 이름을 생각해내려 할 때 '왜 있잖아, 그 영화에 출연했던 ……' '그때 형사역으로 나왔던' '키가 크고 마른' 하는 식으로 그 사람의 얼굴이나 체격 등 여러 가지 속성이 떠오르죠. 이것들을 후크라고 합니다. 얼굴, 체격, 출연한 영화, 배역 등은 '이름'을 중심으로 한 이해의 네트워크인 동시에 후크이기도 합니다. '이해'와 '후크'의 상승 효과가 이름을 떠올리려 할 때 단서가 되는 것이죠.

물론 '귀주대첩'을 그저 음운으로 기억할 수는 있습니다. 하지만 3차에 걸친 거란의 침입에 고려가 마침내 종지부를 찍은 전투라든가, 전투를 승리로 이끈 강감찬은 을지문덕, 이순신과 함께 나라를 구한 3대

영웅으로 꼽힌다든가, 이후 고려는 거란을 막기 위해 천리장성을 쌓았다든가 하는 식으로 음운에 후크를 붙여 외우면 기억하기도 쉽고, 기억을 끄집어내기도 편리합니다.

순서를 정해서 외울 때는 '로마의 방 기법'이라는 유명한 기억법이 있습니다. 상상으로 방을 만들고 그 안에 물건을 자유롭게 배치해서 기억하고자 하는 것을 물건에 대입하거나, 집 현관에서 학교까지 가는 길을 떠올려 도중에 표지가 될 만한 '무언가'를 '기억하고 싶은 것'에 포개는 방법입니다. 긴 인과관계, 역사 순서, 복잡한 과정 등을 기억할 때는 '평소에 지나다니는 길과 표지(랜드마크)'가 도움이 됩니다.

▧ 로마의 방 기억법 예시

선사 시대 순서를 외운다고 합시다.

구석기 시대(현관) → 신석기 시대(가로등) → 청동기 시대(횡단보도)
→ 철기 시대(제과점)

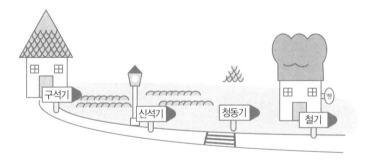

Lesson 34

로마의 방 기억법을 실천해봅시다. 잘 외워지지 않는 내용을 집 현관
에서 특정 목적지까지 가는 길에 적용시켜 구상해보세요.

청크를 만들고(적절한 크기로 정보 덩어리 만들기), 후크를 만들어(해당 정
보와 관련된 정보를 늘리기) 그 연관성을 의식하는 이유는, 긴 프로세스
를 이해하기 쉬운 덩어리로 만들어 그 연관성과 순서를 쉽게 파악하기
위해서입니다. 나 자신이 알기 쉽게 이해하는 방식을 준비하는 일이나
마찬가지죠.

  따라서 중요한 것은 기억하는 기술보다 올바른 이해입니다. 마지막
은 역시 '제대로 공부하자'로 마무리되는군요.

분명히 봤는데
왜 기억이 안 날까?

'공부할 때 분명히 교과서에서 봤는데 ……' 아이가 공부를 하거나 시
험을 보다 안타까워 할 때는 바로 이런 때입니다. 하지만 기억의 특성
상 단 한 번에 외운다면 오히려 그게 놀랄 일이죠. 기억은 사라지기 마
련입니다. '기억을 끄집어낸다'는 표현 탓인지 기억을 물건처럼 고정적

이라고 여기는 경향이 있습니다. 머릿속에 '기억의 상자'가 있어 필요에 따라 무언가를 꺼낸다는 이미지가 있는 것이죠.

사실 기억은 뇌의 상태라고 말할 수 있습니다. 뉴런끼리 연결된 네트워크가 기억을 불러내고자 할 때 우연히 먼저 활동을 시작한 상태, 그것이 기억입니다. 기억이 연결이라면, 연결되는 방식에는 단계가 있다고 볼 수 있습니다.

갈치　　　꽁치　　　참치

눈을 감아도 글자 모양은 한동안 남습니다. 잔류 시간은 몇 초에서 몇십 초 정도죠. 이것을 감각 기억이라고 합니다. '갈치 꽁치 참치'를 의식적으로 기억하려고 하면, 워킹메모리의 작용으로 일시 저장되어 단기 기억으로 남습니다. 감각 기억보다 잔류 시간이 길기는 하지만 그리 오래 가는 기억은 아닙니다.

이때 워킹메모리가 깊이 작용하지 않으면 기억으로 남기 힘듭니다. 일상의 기억을 자동적으로 획득하려면 의식하지 않는 대다수의 기억은 사라져야 하기 때문입니다. 그래서 주시注視, 보상報償, 정동情動의 도움으로 워킹메모리에 관여하는 부위를 강하게 작동시키는 단기 기억만이 장기 기억으로 해마에 고정됩니다. 그렇게 고정된 기억은 한 달쯤 지나면 해마에 의존하지 않게 됩니다. 이것이 기억을 획득하는 과정입

니다. 동시에, 필요한 기억만 남기고 불필요한 기억을 지우는 과정으로
도 볼 수 있습니다.

기억이 사라지는 것은 아주 자연스러운 일입니다. 우선 그 사실을
자각해야 합니다. 일반적으로 기억력이 좋다는 사람은 이 감각을 잘
알고 있습니다. 어느 정도 지나면 얼마나 잊어버리는지, 어떤 내용이
기억하기 쉬운지, 어떤 내용이 기억하기 힘든지 등 자신의 기억 습관
을 구체적으로 자세히 알고 있는 것이죠. 자신의 망각 유형을 잘 파악
하고 있는 셈입니다. 그래서 자신의 망각 유형에 맞게 타이밍을 맞춰
효율적으로 복습하면서 기억을 강력하게 정착시킵니다.

우리 아이
'망각 유형' 알아보기

기억력을 높이는 비결의 하나는 자신의 망각 유형을 아는 것입니다. 기
억에는 정보를 머리에 '넣는다(입력)', 넣은 정보를 '저장한다(저장)', 저
장한 정보를 '꺼낸다(출력)'의 3단계가 있어 그 단계를 반복하면 전두엽
에 '창고'가 생겨 기억력이 좋아집니다. 따라서 입력, 저장, 출력 중 어
느 단계가 서투른지를 알면 자신의 망각 유형을 알 수 있습니다.

기억의 3단계를 학교 공부에 비유하면 예습 → 수업 → 복습의 흐름

에 해당합니다. 자녀의 망각 유형을 알면 예습·복습을 하는 방법과 적절한 시기를 파악하는 기준으로 삼을 수 있습니다.

Lesson 35

아이의 '망각 유형' 체크리스트입니다. 자녀를 떠올리며 다음 항목을 체크해봅니다. 될 수 있으면 아이에게 직접 물어보세요.

A
☐ 한자나 영어 단어는 열 번 이상 써야 외워진다.

☐ 공식을 외웠는데도 막상 쓰려고 하면 잘 모르겠다.

☐ 중요한 구절을 세 개 이상 들으면 첫 번째 구절은 금세 잊어버린다.

B
☐ 시험문제는 시험이 끝나는 순간 잊어버린다.

☐ 1교시 수업 내용을 점심시간에는 잊어버린다.

☐ 방금 외운 한자나 영어 단어 중, 전혀 생각나지 않는 것이 세 개 이상 있다.

C
☐ 답을 맞춰볼 때 '아차!' 하고 생각나는 경우가 많다.

☐ 대화 중에 '이거' '그거' '저거'라는 표현을 많이 사용한다.

☐ 열심히 공부했는데도 막상 시험을 볼 때 중요한 부분이 생각나지 않을 때가 많다.

망각 유형별
예습·복습 포인트

■ A, B, C에 전부 체크한 아이

학습한 내용을 머리에 넣는 입력이 서투른 편입니다. 따라서 예습·복습의 포인트는 '기억하는 방법'을 찾는 것입니다. 중기 기억은 약 9시간이면 대부분 사라집니다. 그날 수업 내용도 학교에서 배우는 것만으로는 어렴풋이 기억에 남아 있다가 시간이 흐르면 급격히 사라지고 말죠. 하지만 잊어버리는 타이밍에 복습을 하면 차츰 잊어버리는 양은 줄고 제 것으로 만드는 양이 늘어납니다. 잊어버리기 시작하는 타이밍에 '넣는' 작업을 반복하면, 기억 정착률이 좋아져 '저장하고' '꺼내는' 일도 편해지죠.

특히 수학이나 물리는 연습문제를 되풀이하는 복습이 '넣는' 작업으로서 효과를 발휘합니다. 운동 실력을 향상시키고 싶을 때, 실력이 좋은 사람의 움직임이나 생각 따위를 흉내 내면서 요령을 파악하려 하죠. 수학이나 과학 공부도 마찬가지입니다. 농구의 드리블을 배울 때처럼 연습문제를 반복함으로써 '푸는 법'이라는 요령을 익히는 것이죠.

■ B에 체크한 아이

학습해서 머릿속에 넣은 정보를 '저장하는 것'이 서투른 편입니다. 예습·복습의 포인트는 잊어버린 부분에 '다시 기억하기'입니다. 그날 수업을 그날 안에 복습해도 3일이 지나면 절반은 잊어버립니다. 따라서 그 시기에 가볍게 복습. 그래도 한 달 뒤에는 절반 이상을 잊어버립니다. 그때 다시 복습. 이렇게 되풀이하며 다시 기억하면 낭비 없이 효율적으로 기억을 정착시킬 수 있습니다.

기억력이 좋다는 사람은 기억을 30~40퍼센트 잊어버리는 시기에 맞춰 복습을 합니다. 또 될 수 있으면 간단하게 복습을 하죠. 복습에 시간이 많이 걸리면 오래 가지 않기 때문입니다. 공부도 다시 기억하는 작업을 간단히 하는 방법이 필요합니다. 기억하고 싶은 내용을 이해하기 쉬운 형태로 정리해, 대충 훑어보기만 해도 복습이 되게 하는 것이 좋죠. 가지 도표는 복습에서도 큰 위력을 발휘합니다.

▪ A와 C에 체크한 아이

기억하고 있는 내용을 잘 '꺼내지' 못하는 경향이 있습니다. 예습·복습의 포인트는 '반복' 확인입니다. 기억이 사라지는 시기를 고려하면, 예습은 수업 전날이 가장 좋습니다. 예습 타이밍이 너무 이르면 모처럼 외운 내용을 잊어버려 예습 효과가 반감되기 때문입니다.

수업의 경우, 수업하는 모습을 영상으로 '후크에 걸어두는 것'도 기억력을 향상시키는 방법입니다. 수업을 일화로 만드는 것이죠. 또 나중에 자세히 설명하겠지만 선생님의 설명에 고개를 끄덕이며 듣는 태도도 중요합니다. 설명을 잘 알아듣지 못해도 고개를 끄떡거리면 뇌는 기억을 잘 하는 성질이 있습니다. 졸음 퇴치법으로도 꽤 유용하죠.

수업이 끝날 무렵에는 눈을 감고 간단한 복습을 하면 그 시간에 배운 내용이 정리됩니다. 그리고 잊어버릴 때쯤 몇 차례 복습합니다. 이때 수업하는 모습과 선생님이 이야기한 내용을 떠올리며 기억을 '꺼냈다' 다시 '집어넣는' 것도 효과적입니다. '단계를 밟아가며 기억한 것을 꺼냈다 집어넣는다' 이것이 기억 효율을 높이는 요령입니다.

자투리 시간
활용법 ✎

복습에는 길지 않은 자투리 시간을 활용하는 것도 효과적입니다. 하루 중 쉽게 활용할 수 있는 자투리 시간의 예를 들어보겠습니다.

- 등교시간
- 수업 시작 전 잠깐 비는 시간
- 수업과 수업 사이 쉬는 시간
- 점심시간
- 귀가 후 목욕하거나 화장실에 있는 시간, TV광고 시간 등

- 자기 전에 잠깐

이와 같은 자투리 시간에 기억이 사라지는 타이밍에 맞춰 복습을 해봅니다. 15분이라는 집중력 지속 시간을 생각해봐도, 자투리 시간의 활용은 복습에 최적이죠. 특히 공부와 각종 학원수업을 받느라 바쁜 아이에게 효과적입니다. 아이가 자신의 생활 패턴을 되돌아보며, 하루에 자투리 시간이 얼마나 되는지 파악해둔다면 좋겠죠.

 Lesson 36

아이가 자신의 '자투리 시간'을 파악하기 위한 일람표입니다.
자녀가 직접 기입하게 하세요.

● **자투리 시간**

등교 시간 : _____	분
수업 시작 전 : _____	분
쉬는 시간 : _____	분
점심시간 : _____	분
집 : _____	분
잠자기 전 : _____	분
기타 : _____	분
하루 자투리 시간 합계 : _____	분

프롤로그에서도 말했지만, 예습·복습은 매우 중요합니다. 그 '핵심'이 되는 학교 수업을 열심히 고개를 끄덕이며 듣고, 예습·복습을 할 때도 학습 내용에 감탄하며 정성을 담아 공부하게 하세요. 도파민 신경계의 활동으로 기억 정착에도 도움이 됩니다. 뭐니뭐니 해도 예습 → 수업 → 복습의 반복이야말로 공부머리를 만드는 이상적 사이클입니다.

고개를 끄덕이며 감동하면 더 잘 기억한다

직업상 전국 각지에서 강연을 할 기회가 있는데, 그때마다 청중들에게 이런 부탁을 합니다.

"이야기를 들으며 고개를 끄덕여주세요."

"잘 모르는 단어가 나오거나 졸릴 때도 알아듣는 척 끄덕끄덕 해주세요."

제 기분을 띄우려는 의도가 아닙니다. 청중의 의욕을 끌어올리고자 '끄덕끄덕'을 부탁하는 것이죠. 여러분도 경험해봐서 아시죠? 누군가와 마주보며 이야기를 들을 때, 타이밍에 맞춰 고개를 끄덕이면 이야기 내용을 더 많이 기억할 수 있습니다. 실제 실험에서도 고개를 끄덕이는 행위와 기억은 서로 관련이 있다는 결과가 나왔습니다.

그러니 수업 중에 선생님의 설명을 잘 이해하지 못하더라도 일단 고개를 끄덕거리면 기억에 남기 쉽습니다. 아이가 집에서 공부할 때도 고개를 끄덕여보라고 하세요. '응, 응!' 하며 소리까지 내면 한층 효과적입니다.

고개 끄덕이기는 일종의 감동 표현이라고 할 수 있습니다. 다시 한 번 강조하지만, 감동은 뇌에게 아주 맛있는 음식입니다. 뇌는 이해 없는 통째 암기도 힘들지만, 감동 없는 통째 암기도 버겁습니다. 앞에서 기억은 자동적으로 획득해가므로 의식하지 않는 대부분의 기억은 사라지며, 단기 기억 중에서도 주시, 보상, 정동 따위의 도움을 받은 경우에만 장기 기억으로 해마에 고정된다고 했습니다. 이 중에서 '정동'에 관여하는 부위가 편도체입니다.

편도체는 해마 바로 앞에 있는데, 살아 움직이는 생물을 가까이해야 하는지 멀리해야 하는지를 판단한 뒤 해마와 연동해 기억합니다. 동물이라면 당연한 반응이겠죠. 먹으면 몹시 불쾌해지는 먹이나 자신을 위협하는 상황을 기억해두지 않으면 최악의 경우 죽을 수도 있기 때문입니다. 반대로 안전하게 음식을 손에 넣은 상황이나 맛있는 음식을 기억해두지 않으면 식량을 얻을 확률이 낮아지겠죠. 사실 같은 종의 동물끼리는 서로 먹이를 차지하려는 경쟁 관계이므로 생물학적 가치판단과 기억의 연동이 약하면 살아남을 확률이 떨어집니다.

흥미와 의욕에 관여하는 선조체는 무의식적인 행동과 '쾌감·불쾌감'을 연결합니다. 그리고 복측 선조체의 측좌핵에 편도체와 해마에서 출발한 도파민 신경계의 입력이 전달되면 어떤 행동을 강화하거나 제거합니다. 인류에게 생물학적 가치판단은 좋고 싫음이 큰 비중을 차지합니다. 또 편도체가 흥분할 만한 일은 해마로 가는 정보 통로를 열어 기억 효율을 높이죠. 따라서 아주 좋아하는 것과 아주 싫어하는 것은 강렬하게 기억할 수 있습니다.

강렬하게 기억하고 싶다면 기억해야 할 내용을 '꼭 기억하고 싶다!' 고 생각하세요. 두근두근 대는 기분으로 '삼각함수를 무지 외우고 싶어!' '운동의 법칙을 꼭 기억할 테야!'라고 마음먹는 것이죠. 억지스럽더라도 '지금 대단한 걸 외우고 있어!'라고 굳게 믿으면 기억을 좀더 잘 정착시킬 수 있습니다.

기억을 잘 하는 비결은 감동을 담는 것입니다. 고개를 끄덕이며 감동하고, 두근대는 기분으로 '기억하고 싶다!'고 느끼는 태도가 중요하죠. 기억한다는 것은 곧 이해하는 것이라고 했습니다. 제대로 이해하고, 이해한 내용이 하나의 스토리가 되어 연결되면 우리 뇌는 그 스토리에 쉽게 감동합니다. 학문이라는 것도 따지고 보면 '지식의 체계'이자 발견의 연속으로 인한 '감동의 체계'입니다.

제대로 이해하고 여기에 학문적인 감동이 더해지면 편도체가 쉽게 움직여 해마의 기억도 쉽게 정착됩니다. '기억하고 싶은 내용에 감동을 담아 이해한다. 점점 감동을 불러일으켜 기억 효율이 높아진다. 거기에 쾌감이 동반된다.' 이것이 공부에 빠지는 본질이자 세상을 이해하는 쾌감입니다.

부모가 아이에게 아무리 옳은 소리를 해도, 무표정한 얼굴로 "그런데요?"라고 대꾸하는 아이의 심드렁한 한마디에 모든 상황이 끝나버릴 수 있습니다. 말로 전할 것이 아니라 고개를 끄덕이고 눈을 반짝이면서 배움의 감동을 부모가 먼저 체험해서 전해주는 것이 필요합니다. 아이는 부모의 뒷모습을 보며 자란다고 했습니다. 이런 상황이야말로 미러 뉴런이 가장 큰 위력을 발휘하는 때라는 걸 반드시 기억하세요.

 Lesson 37

1. 감동하며 고개를 끄덕이는 자신의 모습을 상상해봅니다.

2. 대화를 나누거나 책이라도 읽으며 실제로 고개를 끄덕여보세요.

청각파, 시각파, 신체감각파
학습 유형별 기억법

어떤 일에 특히 감동하는지, 특정 사실이나 정보를 어떻게 이해하는지는 사람마다 제각기 다릅니다. 우리 뇌가 학습을 할 때는 시각, 청각, 신체감각을 모두 이용하지만, 그 중에서도 가장 강하게 반응하는 부위는 사람마다 다릅니다. 정보를 받아들이는 유형에 따라 기억의 방식도 차이가 납니다. 학습 유형은 크게 세 가지로 나눌 수 있습니다.

- **청각파** : 귀로 듣는 정보가 이해하기 쉽고, 감동으로 연결하기도 쉬운 유형
- **시각파** : 눈으로 보는 정보가 이해하기 쉽고, 감동으로 연결하기도 쉬운 유형
- **신체감각파** : 몸의 감각으로 느끼는 정보가 이해하기 쉽고, 감동으로 연결하기도 쉬운 유형

청각파 아이에게는 말의 억양을 이용한 감동 효과를 추천합니다. 똑같은 '무구정광대다라니경'이라도 단조롭게 말하는 '무구정광대다라니경'과 억양을 살려 배우가 혼신을 다해 내뱉는 한 마디처럼 '무구정광대다라니경'이라고 말하는 것은 완전히 다릅니다.

보통 언어를 이해하는 것은 좌뇌의 베르니케 영역이 담당합니다. 억양을 실어 감정을 이입하면 우뇌에 있는 베르니케 상동體同(발생 기원과 기본 구조가 서로 같은 생물의 기관) 영역이 활동합니다. 청각파 아이는 이 운동을 이용하면 좋습니다. 이 타입의 아이에게는 단순한 소리의

반복(조음 루프)도 도움이 됩니다. 어학 공부법의 하나인 '계속 듣기' 같은 것이죠. 또 누군가가 정리해서 말하는 소리를 듣는 것도 의외로 효과적이어서, 아이가 공부할 마음만 있다면 학교 수업은 감동의 보물창고가 됩니다. 물론 이 방법은 시각파나 신체감각파 아이에게도 유용합니다.

시각파 아이는 그림이나 사진 등 영상 이미지로 기억하는 '화상 기억'이 기억을 강화시키는 열쇠입니다. 사실 우리 뇌는 정보의 70퍼센트를 시각을 통해 받아들입니다. 인간은 그만큼 시각이 우선인 동물이므로 시각 정보를 능숙하게 이용하는 일은 대다수 사람에게 기억을 강화하는 열쇠가 됩니다. 정보를 받아들이는 데 시각이 가장 우선인 시각파에게는 한층 더 효과적이겠죠.

사진의 세세한 부분을 기억하듯 사진기 셔터를 누르는 감각으로 기억하는 것은 시각파의 뇌 시스템에 알맞은 기억법입니다. 또 공책 정리에 그림이나 도표를 이용하는 방법도 적당합니다. 영상 이미지로 기억할 때는 일화 버퍼도 작용해, 워킹메모리가 깊이 작동하기 쉽습니다. 영상 이미지로 기억하는 방식은 특히 시각파에게 유용한데, 모든 사람에게 통하는 좋은 방법이기도 합니다.

신체감각파 아이는 몸짓을 동반하거나 리듬을 주며 외우는 것이 효과적입니다. 역사공부라면 마치 역사상의 인물이라도 된 듯 그 인물의 동작이나 말투를 흉내 내보고, 수학이나 물리라면 시선의 이동이

나 촉감을 상상합니다. 두근거림과 함께 그야말로 '몸으로 기억'하는 감각이 있으면 이해하기가 쉬워지죠.

공부하는 동안에는 주로 기억을 관장하는 부분이 움직이며, 운동 중에는 주로 동작을 관장하는 부분이 움직입니다. 학습 유형에 상관 없이 모두에게 해당됩니다. 공부 사이사이에 간단한 체조를 해주면 뇌의 다른 부분을 자극할 수 있어 뇌가 활성화되고 기억력도 좋아집니다. 물론 가벼운 운동은 공부 중 기분 전환에도 효과적입니다.

워킹메모리를 활성화하는
노트 필기법

《도쿄대 합격생 노트 비법》이라는 책이 한참 인기를 끌었던 적이 있습니다. 그 무렵, 후지TV의 〈특종!〉이라는 프로그램에서 실험 의뢰가 들어왔습니다. '도쿄대생이 필기할 때의 뇌가 어떻게 반응하는지 뇌의 활동을 조사해 달라'는 것이었죠. 실험을 위해 그 노트의 주인공인 도쿄대 대학원생이 제가 있는 스와도쿄이과대학까지 직접 찾아왔습니다. 그리고 영어학원에서 온 강사들에게는 다양한 스타일의 영어수업을 해달라고 부탁했습니다.

그리고 다음과 같은 세 가지 방식으로 필기를 하게 했습니다.

1. 평소처럼 '깔끔하고' '진지하게' 필기를 할 경우

2. 칠판 필기를 아무 생각 없이 베낄 경우

3. 생각하면서 컴퓨터로 필기를 할 경우

각각의 뇌 활동을 다채널NIRS로 조사해봤습니다. 결과는 확연히 달랐습니다. 한눈에 봐도 깔끔하고 진지하게 필기한 노트가 압승이었죠. 칠판 필기에 선생님의 설명을 덧붙이는 1의 경우, 이해와 기억에 작용하는 부위가 활성화되었습니다. 수업 내용을 머릿속에 저장하며 메모한다는 의미죠. 칠판 필기만 베끼는 2의 경우, 이해에 작용하는 부분 외에는 그다지 활성화되지 않았습니다. 수업 내용은 이해하지만 기억에 남기는 힘든 상황이죠. 칠판 필기와 선생님의 설명을 컴퓨터로 입력하는 3의 경우, 평소처럼 의식하며 필기하는 것치고는 뇌가 전체적으로 활성화되지 않았습니다. 편하게 메모를 하는 상태이기는 하나, 이해와 기억으로 연결되는 뇌 상태는 아니었습니다.

이 결과를 자세히 보면, 1과 2의 뇌 활동에서 보이는 공통점은 브로커 영역과 베르니케 영역의 활동이었습니다. 브로커 영역은 발화發話의 언어 중추로, 언어를 문법적으로 조합하거나 말하기에 관여합니다. 베르니케 영역은 이야기를 이해하는 일에 관여하죠. 3의 경우도 전체 뇌 활동은 활성화되지 않았지만, 브로커 영역과 베르니케 영역은 미약하게나마 활동했습니다. 필기를 할 때는 머릿속에서 필기할 내용

을 되풀이하고 있으므로 브로커 영역과 베르니케 영역이 연동해서 활동하는 것은 당연하다고 할 수 있죠.

이 실험을 통해 필기하는 행위의 이면에는 마음속으로 필기 내용을 반복하고 있음을 알 수 있습니다. 따라서 '필기를 한다'는 행위는 수업 내용의 이해뿐 아니라 기억에도 도움을 주는 셈입니다.

깔끔하게 필기를 하는 뇌 활동의 특징 중 하나는, 브로커 영역에서 그보다 약간 위까지 걸쳐 있는 전두연합영역 바깥쪽 활동이 강하다는 점입니다. 이곳은 워킹메모리를 담당하는 부위죠. 또 하나 두정연합영역의 활동도 특징으로 꼽을 수 있습니다. 이곳은 공간적인 위치 관계 파악과 출력에 관여합니다.

또 수동적 주의와 워킹메모리의 처리에도 관여하죠. 즉 깔끔하고 보기에도 좋게 필기를 할 때는 선생님의 설명과 칠판 내용을 마음속으로 되풀이하면서, 공책 위에서 이해하기 쉬운 공간 배치가 되도록 균형을 생각하고 있는 상태입니다. 그리고 그 행위가 칠판 필기를 베끼거나 컴퓨터로 필기할 때 이상으로 전두엽 바깥부분을 자극해, 워킹메모리에서 '깊이' 처리하게 됩니다. 그만큼 기억에 남을 확률이 높은 셈이죠.

알기 쉽게 표현하는 일, 알기 쉽게 표현하려고 애쓰는 일, 그렇게 하고자 머리를 쓰는 일 등은 모두 워킹메모리를 활성화하는 행위입니다. 이런 활동들은 워킹메모리가 정보를 깊이 처리하도록 촉진해서 기억 정착률을 높입니다. 물론 내용을 이해하는 것도 심화시키죠. 칠판에 적혀 있는 내용 외에 선생님의 설명이나 의문점에도 신경을 쓰며 '알기 쉽게 표현하고자' 노력하는 것도 기억력을 높여주는 필기법입니다.

Lesson 38

자녀의 노트를 보신 적이 있나요? 자녀에게 노트를 보여 달라고 해보세요. 자녀의 노트 필기가 어떻게 되어 있는지 살펴보세요. 필기하는 방식이 어수선하다면 기억 정착에 손실이 생깁니다.

적당한 수면이
기억을 강화한다

뭔가를 외웠다면 눈을 감고 내용을 되살려봅니다. 굳이 기억하려 하지 않아도 상관없습니다. 그저 머리에 떠올리기만 해도 충분합니다. 이 행위는 워킹메모리를 자극합니다. 또 한동안 눈을 감고 있으면 수면 중 기억이 정리되는 것과 같은 효과를 볼 수도 있습니다. 아이가 수업을 마무리할 때, 예습과 복습을 한 뒤에 눈을 감고 기억을 되살리는 습관을 들이도록 해보세요.

수면은 집중력과 의욕을 높이는 데 반드시 필요합니다. 또한 수면은 기억을 강화하는 데도 상당히 중요한 역할을 합니다. 수면이 부족할 때는 누구나 기억력이 나빠집니다. 실제 연구에서도 '적당한 수면을 취해야 기억력 테스트 성적이 좋다' '추론도 자는 동안에 진행되는 것 같다' '농구 드리블과 같은 특정한 기술을 숙련하는 데도 수면은 필수' 등 수면이 기억에 끼치는 영향을 암시하는 다양한 결과가 나오기 시작했습니다.

해마는 수면 중에 전날에 학습한 정보를 기억하거나 기억된 정보를 정리하면서 정보 사이에 모순이 없는지를 체크합니다. 따라서 학습한 후에 수면을 취하지 않으면 해마가 정보를 기억하고 정리하고 체크하지 못하게 되는 것이죠. 해마가 각각의 정보가 단편적이고 연결되지 않는 것, 가치가 없는 것이라고 판단하면 기억 정착률은 자연히 낮아질 것입니다.

또 얕은 잠을 자거나 수면 시간이 불규칙해도 도파민, 세로토닌, 코르티솔 같은 호르몬 분비가 무너져 의욕이 떨어지고 전두엽 활성화에도 문제가 생기는 등 기억을 방해하는 요소가 산더미처럼 발생합니다. 물론 수면이 부족해 피로가 누적되면 뇌 활동도 둔해지죠. 따라서 공부를 생각할 때는 잠도 공부의 일환으로 볼 필요가 있습니다. 잠자는 시간을 일정하게 하는 것은 몸을 쉬게 하는 것일 뿐 아니라 뇌를 위해, 기억을 위해, 집중을 위해, 의욕을 위해서이기도 합니다.

실전에 강한 '승부뇌' 만들기

골인 지점 앞에서 속도가 떨어지지 않게 하려면

구체적이고 평가할 수 있는 목표를 세워라

행복한 '미래 기억'을 만들면 의욕이 샘솟는다

애태울수록 뇌는 활발해진다

평범하게 키울 것인가, 일류로 키울 것인가

5장

실전에 강한 아이가

성공한다

목표를 달성하는 '승부력' 단련법

실전에 강한
'승부뇌' 만들기 ✎

요즘 일본에서는 '승부뇌'라는 말을 자주 듣습니다. 아테네올림픽과 베이징올림픽에서 연속 2관왕을 달성한 기타지마 고스케北島康介 선수가 인터뷰를 하면서 최고의 실력을 발휘할 수 있었던 이유를 묻자, '승부뇌를 단련한 덕분입니다'라고 언급한 일을 계기로 비즈니스 등 각 분야에서 '승부뇌'가 주목을 받고 있습니다.

승부뇌란 시합이나 승부를 가릴 때 '이때다!' 싶은 중요한 순간에 최고의 실력을 발휘하기 위해 필요한 마음가짐이자, 그 마음가짐을 뒷받침하는 '뇌'를 만들기 위한 방법입니다. 이 이름을 처음으로 붙인 사람은 뇌신경외과를 전문으로 하는 니혼대학 대학원의 하야시 나리유키林成之 교수입니다.

베이징올림픽을 앞두고 기타지마 선수를 포함한 일본 올림픽 수영 대표팀은 선수들의 마인드컨트롤 차원에서 하야시 교수에게 승부뇌에 대한 특별 강의를 들었습니다. 코치였던 히라이 노리마사平井伯昌도 이 강의를 아주 높이 평가했습니다. 하야시 교수는 승부뇌를 발휘하는 포인트로 다음과 같은 몇 가지 마음가짐을 들었습니다.

- 마지막까지 '이겼다'고 생각하지 않는다.
- "지쳤어! 큰일이야!"와 같은 부정적인 말을 하지 않는다.
- 경쟁자를 이기려 하지 말고 자기 기록 경신에 신경을 쓴다.
- 컨디션이 좋을 때는 쉬지 말고 적극적으로 훈련을 계속한다.
- 수영장과 자신이 하나가 된 이미지로 자신의 세계를 만든다.
- 항상 자기 최고 기량보다 30퍼센트 이상 더 힘을 내려고 한다.

하야시 교수가 강조한 것은 모두 승부에 강한 뇌를 만들기 위한 방법론인 동시에, 강한 의지로 늘 공부에 빠지기 위한 마음가짐과도 일맥상통합니다. 열심히 공부한 노력을 최고의 결과로 나타내기 위한 마음가짐이라고도 할 수 있습니다. 또 전두엽을 늘 활성화시키기 위한 기술이라고 해도 과언이 아닙니다.

골인 지점 앞에서
속도가 떨어지지 않게 하려면 🖊

공부에 빠지면 단기간에 효율은 올릴 수 있습니다. 시험 직전에는 원래 능력의 120퍼센트를 발휘해 목표 달성의 발판이 되기도 하죠. 물론 빠져들어야 효율이 오르긴 하지만 일시적이라면 잔재주로 끝나버립니다. '승부뇌'의 승부는 경쟁에서 이기는 일인 동시에 그 사람 자신의 능력을 계속 끌어올리는 것을 뜻합니다.

심각한 저출산·고령화 사회에서는 모든 사람의 능력이 올라가야만 사회가 성립할 수 있습니다. 실제로 필자 세대에서는 아이 180만 명 중 똑똑하고 행동력 있는 10만 명이 세상을 이끌면 인구가 증가하면서 사회는 어떻게든 굴러갔습니다. 하지만 지금 아이들은 100~120만 명이 똑같은 짐을 짊어져야 하므로, 모든 사람의 실력을 조금씩 끌어올려야 합니다.

아이가 강한 의지로 늘 공부에 빠져 열심히 노력하면서 그 결과를 최고의 성과로 나타내려면 균형 있게 공부에 빠질 필요가 있습니다. 그러기 위해서는 '승부뇌'의 마음가짐처럼 건전하고 올바른 동기부여가 먼저 전제되어야 합니다. 저로서도 그 사실을 새삼 실감한 것이 다음에 소개할 실험 결과입니다.

사람들은 목표치가 낮다고 의식할 때 자기도 모르게 힘이 빠지는 경우가 있습니다. 승부뇌를 발휘하는 여러 가지 포인트 중에 '마지막까지 이겼다고 생각하지 않는다' '항상 자신의 최고 기량보다 30퍼센트 이상 더 힘을 내려고 노력한다'라는 항목은 그 점을 지적한 것입니다. 의식상의 목표를 실제 목표보다 멀리 설정해, 골인 지점 앞에서 속도가 떨어지는 것을 억제하고 강한 승부력을 익힌다는 의미를 내포하고 있습니다.

NHK에 〈클로즈업 현대〉라는 프로그램이 있습니다. 올해 초, 그 방송에서 '목표를 멀리 설정하는 편이 효과적'이라는 사실을 실험을 통해 뇌 계측 장치로 증명해달라는 의뢰가 들어왔습니다. 실험에 참가하기를 희망한 하야시 교수를 비롯한 많은 사람들의 아이디어로 다음과 같은 실험을 했습니다.

실험은 드라이버즈 비전driver's vision을 사용했습니다. 드라이버즈 비전은 자동차 운전자의 시각 반응 능력을 평가하기 위한 시스템입니다. 자동차 운전에 필요한 시각 반응 능력(시야 범위 등)을 마치 게임을 하듯 터치스크린식의 거대한 화면으로 검사하는 시스템으로, 화면 곳곳에 표시되는 하얀 동그라미를 재빨리 터치해 반응 시간과 정확성에 따라 점수를 얻습니다.

피험자는 우선 1분 동안 게임을 2회 실시한 뒤, 득점한 점수를 보고 다음 목표를 설정합니다. 가령 첫 번째가 560점, 두 번째가 580점이라면 다음 목표를 600점으로 합니다. 그 점수를 목표로 6회 도전합니다.

이때 실험자는 매회 40초가 흐를 때마다 목표에 대한 '말 건네기'를 합니다. 600점이 목표라면 40초 지점에서 500점에 이르러야 한다고 피험자에게 말합니다. 그 기준에 미치지 못하면 "아직 멀었어요"라는 말을, 기준에 다다른 경우에는 "거의 다 왔어요"라는 말을 건네는 것이죠.

"지금 450점, 아직 멀었어요."

"지금 520점, 거의 다 왔어요."

하지만 실제로는 점수와 관계없이 무작위로 말을 건넨 후 각각의 뇌 활동을 비교했습니다. 결과는 예상보다 훨씬 뚜렷했습니다. '아직 멀었어요'라는 말을 건넸을 때 뇌가 활성화되었는데, 활성화된 부위는 전두엽과 특히 두정연합영역이었습니다. 이 실험의 경우, 화면에 나타난 하얀 동그라미의 위치를 공간적으로 파악해 그곳을 향해 손을 뻗어 터치해야 합니다. 그 동작에 관여하는 것이 좌우의 두정연합영역으로 '아직 멀었어요'라고 하는 편이 집중도를 높여 그만큼 필요한 부위도 활성화된 것이죠.

또 하야시 교수의 해석에 따르면, '목표'라는 인식 자체가 공간 인지라고 합니다. 즉 '아직 멀었다'는 말이 목표 의식을 강화시켜 한층 집중도를 높이는 것이죠. 어느 쪽이든 이 실험 결과를 통해, 골인 지점 근처에서는 '아직 멀었다'고 생각하는 편이 뇌가 활성화된다는 사실을 확인했습니다. 능력 의식상의 목표를 멀리 설정함으로써 향상되는 성질이 있음을 보여준 실험이었습니다.

Lesson 39

조금 번거롭겠지만 중요한 레슨입니다. 〈나무 타기 명인〉이라는 이야기를 아이를 양육하는 관점에서 재해석해보세요. 새로운 깨달음을 얻을 수 있을 것입니다.

● **나무 타기 명인**

나무 잘 타기로 유명한 남자가 사람을 시켜 높은 나무에 올라가 가지 끝을 자르게 했다. 그런데 아주 위험해 보일 때는 아무 말을 않더니 처마 높이 정도까지 내려오자 "다치지 않게 조심해서 내려오게!"라며 주의를 주는 게 아닌가. 그래서 내가 물었다. "이 정도 높이면 뛰어내려도 안 다칠 텐데, 왜 조심하라는 거요?" "맞습니다. 눈앞이 아찔할 만큼 높다랗고, 가지가 부러질 듯 아슬아슬할 때는 알아서 조심하니 아무 말도 하지 않습니다. 허나 안전하다 싶은 곳에서는 방심하다가 꼭 다치기 마련이지요."

목표를
의식하게 하라

하야시 교수의 강의를 들은 기타지마 선수가 '승부뇌'를 발휘할 때 특히 유의한 점이 있었다고 합니다. '지금까지 자신의 최고 기량을 뛰어넘는 것을 목표로 한다!' 기록 경신이라는 실제 목표와 자기의 최고 기량을 30퍼센트 늘려 기존 기록을 넘어선다는 의식상의 목표를 세운 것이죠. 2관왕 2연패라는 성과를 올린 배경에서 보면 두 가지 목표를 세웠던 셈이죠. 가령 모의고사나 입시 등이 '실제 목표'라면 건전하고 올바른 동기부여가 '의식상의 목표'가 됩니다. 실제 목표를 뒷받침하는 것은 의식상의 목표인 것이죠. 한마디로 정리하면, 실제 목표를 설정해도 그 목표를 의식화하는 과정이 없으면 아이의 성적을 올릴 수 없습니다.

NHK의 실험에서는 또 한 가지 흥미로운 결과가 나왔습니다. 사전에 목표에 대해 서로 상의(목표 교섭)했는지의 여부가 피험자의 뇌 활동과 관계가 있었던 것이죠. 앞서 설명했듯이, 실험에서 설정한 목표치는 실제 성적을 바탕으로 했습니다. 첫 번째가 560점, 두 번째가 580점이라면 다음 목표는 600점 식으로 조금 힘들더라도 실현 가능한 선에서 구체적으로 설정했죠. 그때는 피험자와 이야기를 나눠 합의하에 목표를 설정했습니다.

아무래도 이 목표에 대해 상의하는 과정이 중요한 듯합니다. 실은 실험 과정에서 목표 교섭을 깜빡 잊고 놓친 피험자가 한 사람 있었습니다. 이 피험자는 실험의 의도는 이해하고 있었지만 '아직 멀었어요' '거의 다 왔어요'에 따른 뇌 활동의 차이가 나타나지 않았습니다. 그 피험자의 내면에서 '의식상의 목표'를 설정하지 않기 때문입니다. 목표에 대해 이야기를 나누는 일이 얼마나 중요하며, 왜 목표를 의식해야 하는지가 이 케이스를 통해 우연한 기회에 선명하게 드러난 셈입니다.

이 책의 프롤로그에서 "칭찬하고 기다린다! 그것이 부모의 기본입니다"라고 했습니다. 아이가 방문객인 이상 부모가 할 수 있는 일이란 아무것도 하지 않거나, 무난한 이야기를 나누거나, 뭐든 좋으니 칭찬하는 것입니다. 그렇게 아이가 고객이 되려는 조짐이 보일 때까지 잘 관찰하며 기다려야 합니다.

맞는 말이지만 아이가 '그럴 기분'이 될 때를 마냥 기다려봐야 아무 일도 일어나지 않습니다. 이때 필요한 것이 목표 교섭입니다. 어디가 끝인 지점인지, 무엇을 목표로 할지와 같은 구체적인 대화를 아이와 나눠보세요. 그리고 아이가 스스로 설정한 목표를 의식해서 나아갈 수 있도록 때로는 직접, 때로는 모르게 지원해주세요.

목표 달성에 효과적인 '해결중심 단기치료'

목표 설정과 목표 의식화意識化를 위해 참고할 만한 방법이 '해결중심 단기치료'입니다. 저는 뇌 연구와 더불어 대학에서 오랫동안 학생상담실장을 맡고 있습니다. 그 상담 업무에 도움을 받은 것이 단기치료의 접근 방식입니다. 단기 치료에는 몇 가지 모델이 있는데, '해결중심 단기

치료'는 그 중 하나입니다. 치료학자 부부인 스티브 드 쉐이저Steve de Shazer와 김인수 등이 제창한 기법이죠.

문제의 원인을 찾아내는 일에 주안점을 두는 것은 그만두세요. 설령 원인을 찾았다 해도 그 원인을 제거할 수 있다는 보장은 없습니다. 결과가 새로운 원인이 되어 대체 뭐가 원인인지 뒤죽박죽이 되기도 합니다. 최초의 원인을 밝혀내더라도, 그 원인에 손을 쓴다 해도 이미 해결이 안 될 만큼 복잡해졌을 수도 있습니다. 그렇다면 해결에 중점을 둡시다. 해결에 도움이 되는 리소스resource(자원)들을 찾는 것이죠. 해결한 모습을 구체화함으로써 효율적 변화를 이끌어내는 겁니다. 이것이 '해결 중심'입니다.

해결중심 단기치료는 의뢰인에 대해 무조건적으로 수용하고 존중하면서 의뢰인과 협동적으로 목표를 설정하고 해결책을 모색합니다. 의뢰인의 문제를 병리적으로 보며 깊이 파고들어 분석하기보다는 의뢰인이 원하는 것을 성취할 수 있도록 의뢰인의 강점과 자원을 최대한 활용합니다.

해결중심 모델에서 중요시하는 것은 고객과 치료사 관계의 '평가'입니다. 치료사는 눈앞의 의뢰인이 방문객, 불평가, 고객 중 어느 쪽인가를 시시각각 판단합니다. 방문객이나 불평가라고 판단했다면 제안은 피합니다. '이러는 게 좋다' '그러는 게 좋다'와 같은 제안은 소용이 없거나 오히려 사태를 악화시킬 가능성이 있기 때문입니다.

반면 의뢰인이 고객이라면, 의뢰인에게 맞는 리소스를 찾으면서 목표를 설정할 필요가 있습니다. 그리고 목표를 구체화하면 우선적으로 해야 할 과제를 먼저 설정합니다. 해결 중심 모델에서는 이렇게 목표를 설정하고 교섭하는 과정 자체에 치료 효과가 있는 것으로 봅니다.

구체적이고 평가할 수 있는
목표를 세워라

기본적으로 아이는 부모와 방문객 관계라고 앞에서도 여러 차례 설명했습니다. 그렇기 때문에 아이는 대개 목표에 대한 부모의 제안을 받아들이려고 하지 않습니다. 하지만 이렇게 말할 수는 있습니다.

아이 : 다음 국어시험에서 점수가 좋으면 ○○ 사줘요.
엄마 : 점수가 좋으면! 구체적으로 몇 점?
아이 : 70점쯤.
엄마 : 에게! 겨우 70점? 지난번 시험은 65점이었지?
아이 : 그럼 75점!
엄마 : 좋아, 열심히 해봐! 당분간 게임기는 엄마가 갖고 있을게.
아이 : 시험 끝날 때까지는 게임 안 할 거예요.
엄마 : 진짜? 만약 게임이 하고 싶어지면?
아이 : 여자 친구한테 전화해서 잔소리 좀 해달라고 하죠, 뭐!

여기서 하고 싶은 말은, 목표를 '구체적'이고 '긍정적'으로 설정하는 일이 무엇보다도 중요하다는 것입니다. 이는 해결중심 모델의 목표 설정이기도 합니다. 여기서는 목표를 설정할 때 유념해야 할 포인트를 몇 가지 소개하겠습니다.

목표에는 적절한 목표와 부적절한 목표가 있습니다. 가령 '예뻐지고 싶다' '날씬해지고 싶다'는 좋은 목표가 아닙니다. '공부를 잘했으면 좋겠다' '시험에서 좋은 점수를 받고 싶다'도 적절한 목표라고 할 수는 없습니다. 어떻게 되어야 '예뻐졌다 혹은 날씬해졌다'고 할 수 있을까요? 어떤 상태가 되어야 '공부를 잘한다'고 할 수 있을까요? 과연 몇 점을 받아야 '좋은 점수'일까요?

무엇을 기준으로 판단해야 할지가 확실하지 않아 목표 달성 여부를 평가할 수 없기 때문입니다. 평가할 기준이 없으면 성취감도 얻지 못하거니와 중독 회로도 돌아가지 않습니다. 부모도 평가를 할 수 없으니 언제 칭찬을 해줘야 할지 모르게 되죠.

'공부를 잘했으면 좋겠다'로는 평가하지 못해도 '교과서에서 조선시대 초기 문화를 외운다' '참고서 2페이지를 공부한다'라면 잘했는지 못했는지를 쉽게 평가할 수 있습니다. '시험에서 좋은 점수를 받고 싶다'로는 평가할 수 없어도 '다음 국어시험에서 75점 이상 받는다'라면 결과가 명확해 평가도 간단합니다. 부모도 목표를 잘 이뤘다며 아낌없이 칭찬해줄 수 있죠.

목표 달성 여부를 간단히 평가할 수 있다면 그 목표를 달성했을 때 도파민 신경계가 작용해 학습 행동을 강화합니다. 아이는 성취감을 얻고 부모는 칭찬할 포인트를 알 수 있는 것이죠. 결과적으로 아이의 의욕 회로가 돌아가는 목표란 추상적이지 않고 구체적이며 평가 가능한 형태입니다.

덧붙이자면 '예뻐지고 싶다'로는 평가할 수 없지만 '외출하지 않는 날에도 파운데이션과 립스틱을 바른다' '밤에는 꼼꼼히 이중세안을 한다' '이를 닦을 때 거울을 보며 웃는 연습을 한다'라면, 했다 안 했다를 확실히 판정할 수 있죠. 날씬한지 어떤지는 쉽게 알 듯해도, 어느 정도 말라야 날씬하다는 건지 판단하기 힘듭니다. 하지만 '한 달 뒤 지금보다 체중을 1킬로그램 뺀다' '3주 동안 허리둘레를 5센티미터 줄인다' 또는 '요가 1주일 프로그램을 끝낸다'는 목표라면 달성 여부를 금세 알 수 있죠.

술을 끊기로 한 경우, '술을 끊는다'는 그다지 적절한 목표가 아닙니다. 사흘간 술을 안 마셨다고 '술을 끊었다'고 할 수 있을까요? 극단적으로 말하면 '술을 끊는다'라는 목표는 영원히 골인 지점이 없습니다. 그렇다면 하루하루 평가할 수 있는 '오늘 하루 술을 안 마신다'라는 목표가 적절한 목표입니다. 실제로 알코올중독 환자들의 금주 모임에서는 매일 '오늘은 금주'를 목표로 정해 그날 하루의 성공을 기뻐하도록 권장하고 있습니다.

목표는
긍정형으로 ✏️

지금 우리 아이의 학습 목표는 무엇입니까? 그 목표가 적절하다고 생각하시나요? 적절한 목표를 세우는 포인트는 세 가지입니다.

첫째, 목표가 구체적인가?
둘째, 평가할 수 있는 목표인가?
셋째, 목표가 긍정형인가?

앞서 소개한 금주를 예로 들어보겠습니다. '술을 마시지 않는다'라고 부정형으로 표현한 목표는 기한을 정한다면 평가할 수는 있습니다. 하지만 '술을 마시고 싶을 때는 물을 마신다'라거나 '뺨을 가볍게 두드린다'와 같은 긍정형으로 표현하는 편이 더욱 평가하기 쉽습니다. 그렇게 했는지 안 했는지, 할 수 있었는지 못 했는지를 분명히 알 수 있기 때문이죠.

'시험이 끝날 때까지 게임을 하지 않는다!'와 같은 목표도 적절하다고 할 수 없습니다. '게임에 손을 대고 싶을 때는 윗몸일으키기를 한다' '게임을 하고 싶어 못 견딜 때는 여자 친구에게 전화해 잔소리를 해고 부탁한다'처럼 목표는 긍정형의 행동으로 표현하는 것이 좋습니다.

지금 자녀에게 당장 이뤄야 할 공부 목표가 있어 보이나요? 자녀가 그 목표를 생각하고 있습니까?

구체적이고 긍정형이며 아이에게 가장 적절한 목표를 세우기 위해서는 '○○한다는 건 구체적으로 어떻게 된다는 걸까?'를 끊임없이 되물어야 합니다.

앞서 소개한 엄마와 아이의 대화는 다소 평범하기는 하지만, 아이의 부적절한 목표를 부모가 적절한 목표로 이끄는 한 예입니다. 아이가 "다음 국어시험에서 점수가 좋으면 ○○ 사줘요"라고 했을 때 "그래, 점수가 좋으면!" 하는 식으로 대답하기 쉽지만, "구체적으로 몇 점?"이라고 물음으로써 "75점"이라는 구체적인 점수가 아이 입에서 나왔습니다.

'게임을 하지 않는다'라는 부정형의 행동 표현도 "만약 게임이 하고 싶어지면?" 하고 물어보자 "여자 친구한테 ……"라는 긍정형 행동에 도달했습니다.

아이가 고객임에도 그 목표가 애매할 때는 집요하게 계속 질문하세요. 가령 아이가 "올해는 공부를 열심히 할래요"라고 말했다면, "공부를 열심히 하면 달라지는 게 있니?" "공부를 열심히 하는 자신을 상상하면 지금과 뭐가 다르니?" "공부를 열심히 한다는 건 구체적으로 어떤 거야?" "공부를 열심히 했다면, 그 다음은?"

이렇게 끈질기게 물어서 가까운 목표를 설정하도록 하는 겁니다. 목표가 구체적으로 그리고 행동으로 표현되고, 그 표현이 긍정형이며, 평가할 수 있다면 아이의 목표는 실현하기 쉬운 형태가 됩니다. 그렇게 되면 목표를 실현하는 데 유용한 방법도 아이의 시야에 들어옵니다. 또는 이미 그 목표에 가까이 왔음을 아이 자신이 깨달을 수도 있죠. 어느 쪽이든 목표를 구체화한다는 것은 실현 가능성을 높이는 일입니다.

이렇게 목표를 교섭하는 일이 아이의 열의를 높이고 실력을 향상시킵니다. 그러다보면 목표를 달성하는 것도 어려운 일이 아니지요. 다시한번 강조합니다. 목표는 반드시 '긍정적인 빛깔'로 색칠해주세요.

Lesson 41

아이가 가까운 목표를 설정하지 않은 경우, 목표 교섭을 해주세요. 아이가 스스로 생각하면서 그 목표를 만들어가는 과정입니다. 당장 시작할 수 있는 과제까지 구체화하도록, 알기 쉽고 끈기 있게 계속 질문하세요. 단, 질문하는 과정에서 다그치지 않도록 유의하세요.

행복한 '미래 기억'을 만들면
의욕이 샘솟는다 ✎

뇌과학에서는 일반적으로 예정이나 계획 따위를 미래에 관한 기억이라는 의미로 '전망 기억', '예정 기억'이라는 표현을 씁니다. '내일 영화를 보러 가자!'와 같은 것을 보통 계획 또는 예정이라고 합니다.

이 상태를 좀더 쉽게 설명하자면, '내일 영화를 보러 가자'라고 생각해서 기억에 담아두면, 그것은 이미 '미래에 관한 기억'입니다. 내일을 생각하고, 1년 뒤를 생각하고, 10년 뒤를 생각하는 것은 미래 기억을 만들고 있는 상태입니다. '나의 뇌가 지금 내 미래를 만들고 있다'라고 할 수 있죠.

너무 당연한 일이라서 굳이 미래나 기억이라는 말을 꺼낼 필요도 없지만, 자신이 상상한 미래가 기억의 작용에 좌우될 가능성이 있습니다. 가령 '이번 중간고사에서 전교 50등 안에 들겠다!'라는 목표를 설정했다고 합시다. 무척 긍정적인 목표이기는 하지만 부정적인 색이 묻어 있으면 그 목표를 떠올릴 때마다 아래와 같은 일이 일어납니다.

■ **목표에 부정적인 색 칠하기**

　목표 : 이번 중간고사에서 전교 50등 안에 들겠다!

↓

과거 기억 : '지난번 목표를 달성하지 못했을 때는 비참했어.'

'부모님도 실망하셨지!'

'이번에도 안 되면 어쩌지 …….'

↓ (이 순간, 목표에 과거의 부정적인 색이 묻는다.)

목표를 의식할 때마다,

'지난번 목표를 달성하지 못했을 때는 비참했어.'

'부모님도 실망하셨지!'

'이번에도 안 되면 어쩌지 …….'

이처럼 목표를 의식할 때마다 과거의 부정적인 기억도 함께 떠오르고 맙니다. 이는 불쾌한 과거를 떠올리는 것이나 다름없기 때문에 공부할 기분이 날 리 없습니다. 아무리 긍정적인 목표라도 부정적인 색으로 물들어 있으면 의욕이 생기지 않는 법입니다.

생각만으로도 의욕이 생길 듯한 긍정적인 색의 목표를 세우려면 '미래 기억'을 행복한 이미지로 만들어둬야 합니다. 목표를 달성했을 때의 기억을 떠올려, 미래 기억을 장밋빛으로 물들여두는 것이죠.

▪ **목표에 긍정적인 색 칠하기**

목표 : 이번 중간고사에서 전교 50등 안에 들겠다!

↓

미래 기억 : '50등 안에 든 걸 안 순간 얼마나 기쁠까?'

'목표를 달성했을 때의 성취감은 진짜 끝내줄 거야!'

'50등 안에 들면 부모님도 무척 대견해 하시겠지?'

'50등 안에 든다면, 여자 친구가 날 다시 볼 거야.'

↓ (이 순간, 목표에 미래의 긍정적인 색이 묻는다.)

목표를 의식할 때마다,

'목표를 달성했을 때의 성취감은 진짜 끝내줄 거야!'

'50등 안에 들면 부모님도 무척 대견해 하시겠지?'

긍정적인 색으로 칠한 목표라면 목표를 의식할 때마다 목표를 달성한 기쁨, 성취감, 칭찬받는 뿌듯함 같은 기쁨의 이미지가 함께 떠오릅니다. 그러니 아이에게 공부할 의욕도 저절로 샘솟게 합니다.

 Lesson 42

부모의 '뇌 습관'은 아이에게 유전된다고 했습니다. 자신은 '긍정적인 색'의 목표를 세우는 타입인가요? '부정적인 색'이 되는 경향이 있다면, 미래 기억을 장밋빛으로 칠하는 훈련을 해보세요.

긍정적인 색으로 물든 목표를 구체적으로 한 가지 세워보세요. 이것은 단기 치료인 '기적의 질문'과 아주 비슷한 방법입니다. "오늘밤 기적이 일어나서, 자고 있는 동안 당신의 문제가 모두 해결되었다고 합시다. 하지만 당신은 밤새 자느라고 기적이 일어났다는 사실을 전혀 모릅니다.

그러면 내일 아침, 당신은 무엇을 보고 기적이 일어났다는 사실을 깨달을 수 있을까요? 주위 사람들은 당신의 어떤 부분을 보고 당신에게 기적이 있어났다는 것을 알아챌 수 있을까요?" 하는 식의 질문을 기적의 질문이라고 합니다. 기적의 질문은 해결중심 모델의 전형적인 질문으로, '문제는 이미 해결됐다'는 가정 아래 해결 뒤의 상황을 묻는 질문입니다.

문제를 떠안고 있을 때의 최대 난점은 '미래를 상상할 수 없다'는 점입니다. 설령 상상할 수 있다고 해도 불쾌한 기억이 계속 맴돌면 필요 이상으로 과거에 사로잡힌 미래가 될 수 밖에 없습니다. '그 문제가 해결된다면 구체적으로 어떤 일이 일어날까? 어떻게 되어야 문제가 해결된 걸까? 나는 어떻게 되길 바라는 걸까?' 이러한 가정으로 매사를 생각하는 것은 전두엽에 상당한 자극을 주어 활발하게 움직이도록 만듭니다.

'내일의 공부 계획은 활기차고 밝은 기분으로 세우자!' '싫어하는 과목은 내가 좋아하는 즐거운 일과 연관지어 생각하자!' 이러한 생각 또한 긍정적인 색으로 목표를 설정하는 것과 같은 발상입니다. 이미 목표를 달성한 이미지로 목표를 설정한다. 즐거운 과거의 기억이 동기부여가 됐듯이, 장밋빛 미래 기억도 목표 달성을 향한 동기부여가 될 수 있습니다.

애태울수록
뇌는 활발해진다 ✎

두뇌 발달, 실력 향상, 성적 올리기. 우리는 이런 목표를 세우는 경향이 있습니다. 또 내 아이도 그렇게 되기를 바라죠. 물론 틀린 생각은 아니지만, 목표를 이루도록 노력하고 또 노력하는 과정이 중요합니다.

아이의 뇌가 가장 활성화될 때는 목표를 이룰 수 있을 때가 아니라 오히려 잘 안 될 때입니다. 어찌할 바를 몰라 난처할 때죠. 아이가 목표를 이루도록 격려해주고 싶고, 공부 결과가 최상의 형태로 나타나기를 바란다면, 잘 되지 않아 애태울 때, 바로 그때 칭찬해주세요. 그때 행동과 쾌감을 연결하는 선조체가 작동해 아이의 의욕이 상승합니다. '자신이 성장할 때의 몸부림이 두뇌를 좋게 한다'는 마음이 아이에게 필요합니다.

우리 뇌는 부담과 고통이 주어지고 그것을 극복했을 때 가장 큰 기쁨을 느끼는 메커니즘이 있습니다. 그리고 그 쾌감의 원인이 되는 행동을 다시 재현하고자 합니다. 이런 경험을 한 번만 제대로 하면 어려운 과제에 부딪쳤을 때 아이가 대처하는 방법이 달라질 것입니다. 그러니 아이가 공부가 잘 되지 않아 애태울 때, 그 순간을 놓치지 말고 칭찬해주세요.

자녀가 공부 때문에 애를 태우는 듯하면, 해결 중심의 발상으로 칭찬해주세요.

"그렇게 힘든데도 공부를 포기하지 않다니, 정말 기특하네!"

평범하게 키울 것인가, 일류로 키울 것인가

뜻대로 되지 않아 고전하더라도, 뇌의 가소성 덕분에 머지않아 그 행위를 자동적으로 할 수 있게 되면 전두엽은 진정화됩니다. 이 전두엽의 진정화야말로 아이의 실력 향상을 위해 목표로 삼아야 할 일이죠. 하지만 바로 이 지점이 평범한 사람과 일류의 경계선입니다. 일류들은 완전히 숙달된 행위를 할 때도 최선을 다함으로써 전두엽을 활성화시킵니다.

일본 제일의 플래시 암산(컴퓨터와 주산을 접목한 암산)을 하는 대학생이 그렇습니다. NHK의 〈핫 모닝〉이라는 방송에서 의뢰를 받아 그 대학생의 뇌 활동을 조사한 적이 있습니다. 주판셈을 하고 있을 때의 뇌 활동에 대해서는 선행 연구가 있습니다. 서투르거나 잘 못하는 사람의 경우, 주판셈을 할 때 전두엽 특히 46영역과 10영역이 활성화되었죠. 하지만 능숙해지면 능숙해질수록 이 영역은 진정화되는 반면 선 조체는 활성화됩니다. 이는 숙달되는 과정인 동시에 능력이 향상되는 과정입니다.

선행 연구를 고려한다면, 일본 제일의 플래시 암산을 하는 그 대학 생도 능력이 뛰어난 만큼 전두엽은 빠르게 진정되리라 예측했습니다. 그런데 전두엽 전체가 신속하게 진정되기는 했으나, 워킹메모리의 중 추 부위인 전두엽 46영역은 부분적으로 활성화되었습니다. 그 대학생 에게는 식은 죽 먹기인 계산이었습니다. 기계적으로 처리할 수 있는 수 준이었는데도 46영역이 활성화된 것이죠.

일류라 일컫는 프로는 어떤 과제라도 전력을 다해 해결하려 합니 다. 사소한 과제라도 전두엽을 활성화시켜 전두엽 이외의 뇌 처리능력 을 더욱 끌어올리려 하죠. 숙달된 일상적인 작업도 정성을 기울여 뇌 를 활성화시킨다, 이것이 일류라는 증거이자 남보다 뛰어나기 위한 필 수조건입니다.

 Lesson 44

자녀에게 숙달되지 않은 감각을 상상하게 하는 레슨입니다. 이를 닦 을 때 '정성껏 한다'와 '대충 한다'의 감각적인 차이를 느낄 수 있게 해보세요.

우리 뇌는 편리합니다. 아무리 신기한 일에도 신속하게 적응을 하죠. 적응할 때까지는 전두엽이 보조적으로 움직이지만, 나중에는 무의식적·습관적인 행동에 관여하는 선조체와 소뇌 등이 자동으로 처리합니다. 그러면 전두엽은 진정되고 선조체가 활발히 움직입니다. 이 흐름이 '숙달'이라는 쾌감이 되어 기분 좋게 행동할 수 있게 하죠.

숙달은 능력을 향상시킵니다. 바꿔 말하면, 더 이상 전두엽을 활성화시킬 필요가 없어서 정신을 바짝 차리지 않아도 작업을 순조롭게 할 수 있다는 뜻입니다. 하지만 그것이 또한 벽이기도 합니다. 그 벽을 넘으려면 의지가 필요합니다. 자신에게 더 힘든 과제를 수행하기 위해서는 지금까지 해오던 것 이상으로 정성을 기울임으로써 전두엽을 활성화시켜야 가능합니다. 그때 아이는 자기 한계를 뛰어넘어 이제까지 보여준 그 이상의 실력을 발휘합니다. 벽을 뛰어넘는 것은 아이 자신입니다. 부모는 아이의 최고이자 최선의 지원자여야 합니다.

부모가 본보기가 되면
아이의 뇌는 변한다 ✎

부모가 아이의 최고의 지원자인 동시에 좋은 본보기가 되어주세요. 우리의 편리한 뇌는 능력을 끌어올릴 때 '전두엽이 활성화한 뒤에 진정되는' 모습을 보여줍니다. 이것이 공부에 빠지는 메커니즘이자, 극단적으로 말하면 목표 달성을 향해 가는 길이기도 합니다.

어떤 일에 재빨리 익숙해진다는 것은 어떤 환경에도 적응한다, 적응해버린다고 볼 수도 있습니다. 좋은 환경이든 나쁜 환경이든 저절로 뇌가 적응해 나름대로 활동하는 것이죠. 즉, 뇌는 환경에 따라 얼마든지 변합니다.

인지심리학에 '선호選好의 가중평균이론'이 있습니다. '선호'란 좋아하는 쪽을 선택하는 것, '가중평균이론'이란 접한 횟수가 많은 만큼 가중치를 두어 평균화한다는 뜻입니다. 개인의 취향과 판단은 경험과 기억에 좌우됩니다. 얼굴이든, 상품이든, 습관이든 뭐든지 그 대상을 얼마나 많이 접했는가에 따라 좋고 싫음이 결정됩니다. 그래서 결혼 상대자를 보면 어딘지 자기 부모와 닮았다든지, 광고로 많이 본 상품을 사는 경향이 있다든지, TV에 자주 나오는 연예인에 대한 호감도가 높은 일들이 발생하는 것이죠. 이것이 사실이라면, 뇌 속에서는 가중평균을 연산하는 기구가 있다는 뜻입니다. 실제로 그 연산을 담당하는 부위도 밝혀지고 있습니다.

따라서 부모의 행동이 아이에게 끼치는 영향은 부모가 생각하는 것 이상으로 훨씬 큽니다. 특히 사춘기를 겪고 있는 아이는 앞을 내다보는 능력이 일시적으로 떨어집니다. 그래서 눈앞에 닥친 일의 영향을 더 강하게 받습니다. 부모에게 받은 영향이 강하게 나오는 시기이기도 하죠. 그러니 아이보다 먼저 인생을 살아온 인생 선배로서 부모는 아이에게 자신의 모습을 좋은 본보기로 보여줄 필요가 있습니다.

- 아이가 공부하길 바란다면 부모가 공부하는 모습을 보여준다.
- 아이가 공부를 좋아하길 바란다면 부모가 먼저 공부는 재미있다고 진심으로 생각한다.
- 아이가 목표를 달성하길 바란다면 부모가 목표를 향해 노력하는 모습을 보여준다.

아이의 목표 달성을 생각할 때, 기본 중의 기본은 부모가 좋은 본보기가 되는 일입니다. 잊지 말고 반드시 기억하시기 바랍니다.

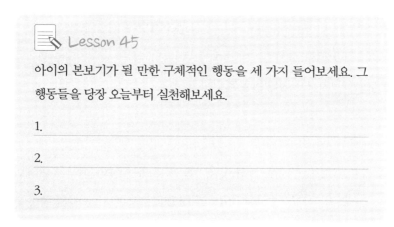

Lesson 45

아이의 본보기가 될 만한 구체적인 행동을 세 가지 들어보세요. 그 행동들을 당장 오늘부터 실천해보세요.

1.

2.

3.

부모의 웃는 얼굴을 보면
아이는 목표를 이룬다 🖉

자녀를 대할 때, 다정하게 말을 건네고 웃는 얼굴을 보여주세요. 고맙다, 기쁘다, 예쁘다, 착하다와 같은 말을 사용하면 칭찬받을 때처럼 전두연합영역이 진정됩니다. 말 한마디로도 아이의 '기다리는 마음'을 키우는 일이 가능한 셈이죠.

아이가 다정하게 말을 해주길 바란다면 부모가 먼저 아이에게 다정한 말을 건네는 것부터 시작하세요. 또 부모의 웃는 얼굴은 아이의 편도체를 성장시킵니다. 편도체는 '좋다, 싫다'를 판단하는 곳입니다. 감정과 정서의 근원이죠.

편도체가 '좋아'라고 판단해서 활동을 시작하면, 기억의 중추인 해마에 '좋아'라는 정보가 흘러들어갑니다. 해마에서 강화된 '좋아'라는 기억은 다시 편도체를 자극해서 점점 좋아하게 됩니다. 이것이 싫어하는 과목을 극복하는 방법으로 제시한 '좋아좋아 회로'입니다. 편도체는 또 인간의 본능적인 활동을 조절하는 역할도 맡고 있습니다. 식욕, 성욕, 공격욕, 수면욕과 같은 본능적 욕구와 충동을 만들어내는 시상하부라는 장소와 접속이 잘 되기 때문이죠.

'좋아'라는 기억은 성과가 있는 행동이나 관계, 상황에 연결합니다. 반면에 '싫어'라는 기억에서 '싫어싫어 회로'가 돌아가면 골치가 아프게 됩니다. 가령 편도체가 가속기가 되어 '싫어'라는 기억이 시상하부의 공격욕과 결합해 브레이크가 말을 듣지 않게 되면, '분노가 폭발하는' 원동력이 되기도 하거든요.

아이의 편도체가 폭주해 자주 화가 폭발한다면 어떨까요? 목표 달성은커녕 공부에 빠지는 일도 뜻대로 되지 않을 게 뻔합니다. 아이의 정서를 안정시키는 일도 부모가 고려해야 할 중요한 부분입니다. 사이조 도시오 연구팀이 일본 약리학 잡지에 발표한 편도체에 관한 아주 흥미로운 실험 결과가 있어 아래에 소개합니다.

> 원숭이의 편도체에 전극을 넣고 다양한 표정의 인물 사진을 보여주며 편도체의 활동을 조사하자, 원숭이의 편도체는 웃는 얼굴에 강하게 반응했습니다. 더욱이 일반 사람의 웃는 얼굴보다 사육사의 웃는 얼굴에 더 강하게 반응했죠. 한마디로 편도체를 성장시키는 웃는 얼굴은 친밀한 사람의 웃는 얼굴인 셈입니다.

부모가 본보기가 된다, 다정한 말을 건네고 웃는 얼굴로 대한다는 말은 너무도 당연해서 진부하게 들릴 수도 있습니다. 그러나 아이의 자아실현을 바란다면 당연하고 진부한 일에 마음을 써주세요. 같은 일을 하더라도 정성을 들였을 때와 대충 했을 때 전두엽의 활동 정도가 달랐습니다. 그러니 자녀가 마음을 다해 공부에 빠져들기를 바란다면 부모도 자녀와 마주할 때 정성스러운 마음으로 대해주세요.

매일 최소한 한 번 이상 아이에게 '고맙다'고 말해주세요. 어떤 일이든 상관없습니다. 온 마음을 담아, 웃는 얼굴로 아이를 바라보면서 고맙다는 말을 건네주세요. 생각해보면 아이에게 고마울 일이 참 많답니다.

"오늘도 건강해서 고마워!"

"밥을 잘 먹어줘서 고마워!"

"약속을 지켜줘서 고마워!"

아이는
믿어주는 만큼 자란다 ✎

자녀교육에서 가장 당연하고 진부한 말이 '아이를 믿는다'가 아닐까요? 하지만 다음 실험 결과를 본다면, 지금보다 더 적극적으로 아이를 믿어야겠다는 생각이 들지도 모르겠습니다.

실험은 '기대와 성적'에 관한 것입니다. 40여 년 전 미국의 교육학자 로젠탈 연구팀은 샌프란시스코의 초등학교에서 예측 테스트를 실시했습니다. 담임선생님에게는 '앞으로 성적이 오를 학생을 예측하는 테스트'임을 알리고, 그 결과를 보여주었죠. 몇 개월 뒤, 성적이 오르리라 예측한 학생의 성적이 뚜렷하게 올랐습니다.

하지만 이 테스트는 성적 향상을 예측하기는커녕 아무 의미도 없는 테스트였습니다. 담임선생님에게 보여준 테스트 결과는 무작위로 뽑은 학생 명단이었죠. 그런데도 '성적이 오른다'고 예측한 학생의 성적이 오른 겁니다. 이는 교사가 그 학생에게 기대를 걸고 열심히 가르치면서, 학생이 부진한 것은 자기 탓이라고 여겨 수업 방식을 고민하는 등 성적이 오를 만한 작용을 무의식적으로 하면서 생긴 효과라고 봅니다. 그 결과, 학생의 성적이 올라간 것이죠.

이를 로젠탈 효과 또는 교사의 기대 효과, 피그말리온 효과라고 합니다. 피그말리온이란 이름은 그리스신화의 피그말리온 왕에게서 유래했습니다. 피그말리온 왕은 여자 조각상과 사랑에 빠지고 마는데, 그 애절한 마음이 신에게 전해져 조각상이 인간이 되었다는 전설이 있죠. 반면, 교사가 기대하지 않아 학생의 성적이 떨어지는 효과는 '골렘 효과'라고 합니다.

이 논리는 가정에서도 주목할 만합니다. 부모가 '우리 애는 성적이 오를 거야!'라고 굳게 믿으면, 부모 나름의 배려와 노력으로 결국 성적이 오른다. 반대로 '우리 애는 틀렸어!'라고 생각하면 아이를 방치할 테니 결국 성적이 오르지 않을 것이다. 이런 이치가 설 만하죠.

이 효과에는 다양한 의문이 제기되고 있지만, 그래도 아이를 믿는 편이 낫습니다. 아이 자신도 마찬가지입니다. 강렬하게 기억하고 싶다면 '기억하고 싶다'고 굳게 믿어야 하며, 가슴 설레는 기분으로 감동하며 믿어야 한다고 했습니다. 무엇이든 '이건 효과적'이라고 굳게 믿는 편이 효과가 좋기 때문입니다.

환자에게 진통제를 줄 때, 그 효과가 어느 정도라고 생각하는지, 효과에 대한 기대를 미리 묻습니다. 그리고 '가짜' 진통제를 줍니다. 그렇게 하면 '잘 듣는 약'이라고 생각한 사람일수록 고통이 줄어들죠. 이는 '플라시보(가짜 약) 효과'로 알려져 있는데, 이때 뇌를 조사해보면 측좌핵에서 쾌감에 관여하는 도파민 분비가 증가합니다. 더욱이 잘 듣는 약이라고 생각한 사람일수록 증가율이 컸습니다.

믿음은 뇌에게는 진실입니다. 의심할 줄 모르는 순수한 아이일수록 잘 자란다는 말이 있는데, 이러한 메커니즘이 있는 탓인지도 모릅니다. 여러분은 자녀의 실력이 오르리라 믿으며, 자녀가 망상가가 되지 않는 선에서 자신을 믿고 목표 달성을 향해 나아가기를 바랄 겁니다. 그렇다면 먼저 아이를 적극적으로 믿으세요. 그리고 자신을 믿고 목표를 향해 달려 나가는 아이에게 이렇게 말해주세요.

"골인 지점은 아직 멀었어, 힘내!"

시노하라 기쿠노리

게임에 빠지듯 공부에 빠지게 하라

초판 1쇄 인쇄 2011년 4월 25일
초판 1쇄 발행 2011년 4월 30일

지은이 · 시노하라 기쿠노리
옮긴이 · 정미애
펴낸이 · 심정숙
펴낸곳 · (주)한문화멀티미디어
등   록 · 1990. 11. 28. 제 21-209호
주   소 · 서울시 강남구 논현2동 277-20 논현빌딩 6층 (135-833)
전   화 · 영업부 2016-3500 편집부 2016-3532
http://www.hanmunhwa.com

편집 · 이미향 강정화 김은하 최연실 진정근
디자인 · 이정희 이은경 | 그림 · 이부영
마케팅 · 강윤정 박진양 목수정
영업 · 윤정호 조동희 | 물류 · 윤장호 박경수

만든 사람들
책임 편집·최연실 | 디자인·이은경 | 그림·이부영
출력·상지피앤아이 | 인쇄·천일문화사 | 제본·창림피앤비

ISBN 978-89-5699-117-7 03370